# 반찬은 식당 성공의 밑천이다

연 매출 100억 단지FnB 김정덕 대표의

**음식 장사 성공 노하우**

반찬으로 차별화하고
경쟁력 높이는
식당 운영법

**김정덕** 지음

# 반찬은 식당 성공의 밑천이다

*Successful restaurant*

**헤세의서재**

# 추천사

북미주 한식 세계화 추진 위원회 회장으로 활동하며 김정덕 대표님과 인연을 맺게 되었을 때, 그의 깊이 있는 연구와 수십 년간의 실무 경험에서 나온 통찰이 인상 깊었습니다. 김 대표님은 단순히 요식업 창업을 넘어 F&B 비즈니스의 본질을 꿰뚫는 분석과 현실에 기반한 전략을 지속적으로 고민하며, 한식당 운영에 있어 차별화된 경쟁력을 갖추기 위한 방법을 끊임없이 연구해 오셨습니다.

이 책은 그런 수십 년간의 현장 경험과 연구에서 축적된 실전 노하우가 고스란히 녹아 있는 지침서로, 단순한 성공담이나 이론서가 아닌 F&B 비즈니스 성공의 핵심 전략을 구체적으로 제시합니다. 특히 매출을 안정적으로 끌어올릴 수 있는 중요한 요소 중 하나로 반찬 구성 비법을 강조하며, 다양한 식당 유형별 맞춤 솔루션을 통해 창업을 준비하는 이들에게는 실질적인 방향성을 제시하고, 기존 사업자들에게는 새로운 도약의 기회를 제공합니다. 한식당 운영에서 성공은 결코 우연이 아닌 철저한 계획과 실행의 결과임을 일깨워 주며, F&B 비즈니스에 종사하는 모든 이들에게 반드시 필요한 실전 가이드로서 한식 F&B 업계의 지속 가능한 성장을 위한 나침반 역할을 할 것입니다.

북미주 한식 세계화 추진위원회 회장 문준호

김정덕 대표를 알게 된 건 인천 서구에 위치한 거북시장을 다시 살려보려는 프로젝트를 진행하면서부터였다. 김 대표는 서구와 인천을 넘어 우리 외식업계에서 그 역량을 인정받고 후배들로부터 존경받는 외식인으로 알려져 있었다. 그를 통해 쇼핑특화거리와 신거북시장의 외식 관련 자영업 유치와 육성에 필요한 여러 의견을 나누었고 조언과 아이디어를 받아왔다.

이에 더해서 김 대표는 지역아동센터와 보훈단체 어르신을 위한 김장나눔 행사가 2024년의 '김장대축제'로 커지기까지 3년째 서구청과 함께 김장 나눔 행사를 함께해 오면서 봉사에 대한 진심을 보여주었다. 또한 주변을 잘 인솔하고 조직하여 구상된 사업을 성공적으로 마무리하는 리더십을 여러 차례 보여주었다.

저자가 실제로 겪어온 것들, 동시에 주변 사람들을 도우면서 경험하고 생각한 것들을 정리한 이 책이 여러모로 어려운 시절을 보내고 있을 외식업 및 자영업 종사자들과 외식업 창업을 준비하는 이들에게 큰 도움이 될 것으로 믿는다.

인천 서구청장 강범석

이 책은 외식 창업을 준비 중인 예비 사장님들과 현재 외식업을 하고 있지만 고전하고 있는 분들이 반드시 정독해야 할 단지에프앤비 김정덕 대표님의 이십여 년의 노하우가 담긴 외식인들의 길라잡이가 될 지침서이다.

오봉집을 시작하기 전부터 김정덕 대표님과 상차림에 대하여 많은 가르침을 받고 나 역시 성공의 꿈이 현실이 되었다. 이 책은 여기저기 이론만 이야기하는 수박 겉핥기식 외식 정보가 아니라 김정적 대표님이 진짜 실전에서 무수히 많은 성공과 실패 사례를 봐오시고 몸소 겪어 오신 것을 토대로 했다. 이 책은 반드시 성공하게 하기보다는, 실패를 줄이는 외식업 경영의 바이블이 될 것임을 확신한다.

(주)조은음식드림 대표이사 안광선

단지에프엔비의 대표님이자 든든한 선배님, 그리고 믿음직한 형님 같은 저자는 장사와 사업에서 중요한 것은 화려함이나 속도가 아니라,

김치처럼 천천히 숙성되어 가는 과정임을 강조합니다. 이 책은 정답을 제시하기보다는 친구 같은 길잡이가 되어, 독자 스스로 자신의 길을 찾아갈 수 있도록 돕습니다. 저자의 따뜻한 조언과 현실적인 통찰은 읽는 내내 큰 힘이 되어주며, 한식과 장사를 고민하는 모든 이들에게 든든한 동반자가 될 것입니다. 뭉텅 브랜드를 잘 되게 뒤에서 뒷받침해주시는 경영 자문으로 모시게 되어 정말 영광입니다.

(주)잇사이트 대표 방강민, 방강현

김정덕 대표님은 지금으로부터 8년 전인 6번째 고반식당인 여의도점을 오픈하고 인연을 맺었다. 그 후 고반식당, 고반가든, 김치옥, 고반식당블랙, 이번에 새롭게 오픈하는 노마진 푸줏간까지 반찬과 상차림에 대해서 꾸준히 의견을 나누고 협업을 하며 도움을 받는 사이로 발전했다. 극한의 경쟁으로 달려가는 한식 외식 분야에서는 메인 음식은 기본이고, 어쩌면 상차림과 반찬들의 메인과의 조합이 얼마나 좋은지, 얼마나 개성이 있는지, 얼마나 트렌드에 부합하느냐가 더 중요하다고 볼 수 있다. 그런 부분에서 이론적 지식과 실전적 지식이 넓은 분이 아마 김정덕 대표님이 아닐까 한다.

김정덕 대표님이 대한민국을 대표하는 한식 브랜드들과 협업을 하면서 증명된 실전 지식과 내공들이 이 한 권의 책에 담겨있다고 하니 그 가치는 가히 상상을 하기 어려울 정도이다. 이 책의 지식 공유를 통해 한식의 글로벌 경쟁력을 제고하고, 대한민국 외식시장의 발전을 도모할 수 있을 것이다. 이 책을 통해 전국의 많은 자영업자들이 시행착오를 줄이고, 오래가는 성공 창업을 하고, 더 나아가 글로벌로 진출하는 세계적인 한식 브랜드가 탄생하길 진심으로 빌어본다. 김정덕 대표님의 한식을 향한 진정성 있는 행보에 큰 감사를 전한다.

(주)고반홀딩스 대표이사 한지훈

"될 때까지 하는 게 사업이야." 김정덕 대표님이 내게 늘 말씀하시는 구절이다. 이 책의 저자 단지에프앤비 김정덕 대표님을 처음 만난 게 벌써 6년이 넘어간다. 나는 사실 형님께 정말 많은 것을 배워왔고, 지금도 배우고 있는 중이다. 늘 내게는 채찍 같은 이야기들로 현실을 그대로 이야기해주시는 부분이 너무 좋다.

이 책에는 화려한 성공 신화나 일률적인 정답을 제시하는 대신, 그간의 경험치에서 나오는 많은 사례와 노하우를 소개해 주셨다. 누구나 성공하는 법을 알고 있다. 몰라서 못한다는 것은 그저 게으름에서 나오는 핑계일 뿐이다.

우리 브랜드 족발신선생이 나름 인정받는 것은 조리법과 상차림의 차별화 전략 때문이다. 김 대표님은 차별화에 성공했으니 그저 될 때까지 하면 된다고 늘 말씀해 주셨다. 항상 옆에서 좋은 이야기와 더불어 쓴 이야기도 계속해주시길 부탁드리며, 이 책이 많은 이들의 식당에 작게나마 성공을 위한 동기부여가 되어 성공의 길로 이끌어 가길 바란다.

(주)신솔에프앤비 대표이사 신용식

그동안 직접 겪고, 배우고, 터득한 경험과 지식을 식당 사장님들과 공유하기 위해 이번 책을 출간하는 것에 경의를 표합니다. 식당 경영 지침서로 현장에서 부딪히는 문제들을 해결하는 데 사장님들에게 실질적인 도움이 될 거라 확신합니다. 김정덕 대표는 또한 '글로벌 K-푸디로'의 사무국장으로서 바쁜 와중에도 한식의 세계화에 힘쓰고 있으며, K-프랜차이즈의 해외 진출을 위해서도 함께 노력 중입니다. 세계적 관심인 한류 열풍이 한때 유행이 아닌 '문화'로 자리 잡아 나갈 수 있도록 많은 관심과 응원 부탁드립니다.

글로벌 K-푸디로 단장 · (주)밀팡 대표이사 나득균

제가 식품업계에  35년여 정도 지내오면서 20여 년을 옆에서 김정덕 대표를 지켜보았는데, 김 대표는 성실함, 도전정신 두 단어가 먼저 떠올릴 만큼 묵묵하게 한길을 걸어오면서 반찬업계에 큰 이정표를 남기지 않았나 싶습니다. 반찬업이 한정적인 업종일 것 같다는 편협한 생각을 벗어버리고 끊임없는 도전과 실험정신으로 국내 한식 프랜차이즈에 반찬도 주요리에 못지않게 맛과 조화가 이루어질  수 있다는 가능성을 보여주었습니다. 최근, 김 대표에게 K푸드와 맞물려서 미주, 동남아 등에서 러브콜이 쇄도하는 건 단순히 우연만은 아닐 것입니다.

김정덕 대표에게는 사업을 하면서 "할수 있다"는 신념이 있었는데, 현재 식품업계에서도 "할 수 있다"는 신념이 전파되고 있습니다. 앞으로 우리 식품업계가 다 함께 지속가능한 사업으로 자리 잡아서, 세계 속의 한식이 더욱 가속화되기를 바라는 마음입니다.

김정덕 대표에게 수고했다는 말과 함께 우리 식품업계에 매우 뜻깊은 출판을 축하드립니다.

(주)반찬단지 대표이사 · 인천식품제조연합회 회장 우은명

형 동생 사이로 둘 다 가장 힘든 시기에 만나서 소주 한잔하며 "우린 무조건 잘 될 거야"하며 서로를 위로했던 시간이 엊그제 같은데 어느새 짧지 않은 시간이 흘렀습니다. 항상 최선을 다하는 삶과 여유로움을 견지하면서 주위 사람들에게 길잡이가 되어주시는 모습에 진심을 담아 박수를 보냅니다.

(주)케이에스푸드컴퍼니 대표이사 손경수

몇 해 전 내가 진행하던 유튜브에 음식 전문가 패널로 한동안 출연했던 인연으로 만난 김정덕 대표. 사석에서는 편하게 형 동생 하는 사

이지만 일로써 만나면 늘 배울 게 많은 동생이다. 외식업의 오랜 경험을 이렇게 책에 담았으니 우리 같은 식품사업 종사자나 현업에 계신 식당 사장님, 새롭게 창업을 준비하는 분들께는 정말 귀한 선물이 될 듯하다.

바쁜 와중에도 책 쓰느라 수고 많았다. 형은 언제나 네 편이다.

배우 김승수

부부의 인연으로 만난 지가 벌써 오래되었네. 아들이 고등학교에 다니니 인생은 그저 바람처럼 휙 스쳐 가는 듯하지만, 우리가 특히 당신이 겪어낸 인고의 세월이 이제야 조금이나마 빛을 보는듯해 참 고마울 따름이네. 책 쓴다고 거실에서 노트북 보며 힘들어하더니 드디어 완성해서 내가 괜히 감동스러운 마음이 가득하네. 이제는 기억 속의 한 페이지 같지만, 결혼하자마자 어려운 시기에 당신이나 나나 스트레스 많이 받으며 경제적으로 참 힘들었는데 지나고 나니 아무것도 아니라는 생각이 들고 세상은 다 자기 하기 나름이라는 생각이 든다. 정말, 책 쓰느라 고생 많았고 그것보다 힘든 시기 홀로 이겨내느라 정말 수고했어.

부인 이서아

# 추천사

## 2. 불패 음식 장사의 기본 7가지



## 3. 반찬으로 식당 성공시키기

## 2부: 매출 끌어올리는 반찬 구성 비법

### 1. 삼겹살집의 반찬 구성 비법



### 2. 보쌈집과 족발집의 반찬 구성 비법

## 3. 한상차림집의 반찬 구성 비법



## 4. 국밥집의 반찬 구성 비법



## 5. 식당 반찬이 맛있으려면?

# 머리말

## 다양한 반찬 구성이
## 식당 매출을 끌어올린다

태어날 때부터 장사할 사람으로 정해져서 태어나는 사람은 아무도 없다. 대부분 부모님의 울타리에서 자라나서 때가 되면 학교를 다니고, 대학 입시를 봤으며 남자의 경우 군대를 다녀오고 대학을 졸업한 후 사회의 각자 자리에서 아주 작은 부품으로 살아간다. 물론, 그렇지 않은 경우도 가끔 있지만 보통 사람들 대부분이 이렇다.

이 과정에서 상당수는 자영업자의 삶을 자의든 타의든 선택하게 된다. 장사는 학교의 의무 교육처럼 누구나 해야 하는 것이 아닌데도 스스로 자신의 업으로 정한 것이다. 이분들은 성공한 외식업 사장님을 너무나 많이 접한다. TV, 유튜브, 각종 SNS에서 멋지게 본인의 장사를 잘하는 사장님들을 말이다. 그런 모습을 보고 막연히 동경하게 되고 나도 그렇게 될 수 있다는 자신감으로 창업을 선택하지만 결과물은 늘 그렇게 달콤하지만은 않다. 돈을 벌기 위해 창업을 하지만 만족할 정도의 돈을 버는 분은 많지 않다. 뒤늦게 후회하는 분들이 적지 않다.

'장사가 이렇게 어렵고 힘들 거란 걸 미리 알았다면 아예 선택조차 하지 않았을 텐데.'

## 성공하려면 기본기를 잘 갖춰야

장사를 잘하고 싶은 욕망은 곧 돈을 많이 벌고 싶다는 욕망과 일맥상통한다. 물론, 시장에서 5,000원짜리 백반을 30년 넘게 팔고 있는 어느 사모님은 '난 이걸로 우리 아들딸 장가 시집 다 보냈다'며 무슨 욕심이 있겠냐? 라고 한다. 이런 분은 정말 몇 안 되는 특별한 케이스이다. 대부분은 절대 이렇게 해서는 경쟁에서 살아남을 수가 없다.

지금은 그렇지 못하지만, SBS 프로그램 〈생활의 달인〉을 즐겨보던 때가 있었다. 이 프로그램은 우리 주변의 인물들이 자기 분야에서 최고의 실력을 갖추기까지 어려운 일들을 반복적으로 매일 매일 해내는 것을 보여준다. 동기부여 최고의 프로그램이라 생각한다. 요식업의 달인들도 소개가 많이 되고 있다.

한 그릇의 국밥을 만들기 위해 새벽 5시에 일어나 사골에 핏물 빼는 일을 하루도 거른 적이 없다든지, 빵 반죽 발효를 위해 1시간마다 잠도 안 자고 반죽을 체크한다든지, 좋은 재료를 공수하기 위해 매일 농산물 시장에 나가서 장을 직접 보는 일을 한다든지 하는 남다른 맛집의 비결이 공개된다. 요식업의 달인들은 기본기의 일상적 반복을 묵묵히 잘 견뎌내는 특징을 가지고 있다.

음식 장사로 성공하기 위해서는 다른 방안이 없다. 일상의 지루한 반복 속에서 기본기를 지켜낼 때만이 성공할 수 있는 것이다.

### 늘 초심을 유지해야 하는 장사

나는 ㈜단지에프앤비 대표로서 반찬 유통사업을 10년 가까이 해오고 있는데 그전에는 조직의 직원으로서 월급 받는 역할을 15년 정도 했었다. 1998년 전문대를 졸업하자마자 IMF의 격랑 속에서 이력서만 150통 정도 썼던 기억이 있다. 지금이야 이력서를 잡코리아 같은 취업 플랫폼에 등록해 두고 클릭 몇 번이면 입사 지원이 가능한 시대지만, 내가 이력서를 쓸 시절만 해도 반명함판 사진을 붙인 자필 이력서를 우편으로 보내야 했다. 이때는 정말 학교 다닐 때 공부 좀 더했더라면 좋았을 거라며 한탄을 많이 했다. 전문대지만 대학에서 영어를 전공하고 카투사로 복무한 경력이 있어서 무역 관련 일을 해보고자 수없이 도전했지만 늘 낙방이었다. 어쩔 수 없이 학원가에서 아르바이트 영어 강사와 상담실장을 1년여 했다.

롯데리아 관리자의 자리가 나에게 찾아왔다. 열심히 영어 공부를 하면서 세계를 무대로 활약할 수출 역군이 될 날만을 손꼽아 기다리던 내가 햄버거를 조립하고, 감자튀김을 조리하고 '불고기 하나, 빅 하나, 콜라 하나 땡큐!'를 외치리라고는 상상도 못했다. 그렇지만 하루하루 맡은 바 소임을 다하도록 노력했다. 3개 매장을 옮겨 다니면서 조직에서의 관리자 역할을 철저하게 배웠다. 꾸준히 영어 공부를 하던 나에게 인천공항 오픈 매니저 역할의 기회가 주어졌다. 매장 책임자로 사장의 역할을 했던 경험은 훗날 내 매장을 운영할 때 많은 도움이 되어 주었다.

지나고 보니, 이 외식업 첫 직업이 내 인생의 큰 물줄기가 되었다. 3년 정도의 롯데리아 직영점 관리자 생활이 내 외식업 관련 일의 지침서나 나침반 같은 역할을 해주고 있음에 틀림 없다. 일이 잘 안될 때는 이 시기를 떠올리며 초심을 되새기곤 한다. 장사하는 분들은 매장 문을 열었을 때의 마음가짐을 한결같이 유지하는 것이 식당 운영에 큰 도움이 된다.

### 장사 비법이 많은데 왜 장사를 잘하지 못할까?

외식업 관련 외길을 걸어온 내 직업의 특성상 사람들을 참 많이 만난다. 지금까지 만난 자영업자들이 굉장히 많다. 프랜차이즈 본사 직원과 가맹점 사장님으로 만난 분들도 있고, 내 강의를 수강하러 오신 분들도 있다. 지금은 반찬 유통사업을 하니 거래처 식당 사장님까지 포함하면 족히 수천 명은 넘을 듯하다.

반찬 유통을 하고 있지만 자영업자를 만나서 대화를 하면 늘 장사 이야기로 끝을 맺는다. 지금은 나름대로 자영업자를 도와주는 컨설팅 일을 많이 하고 있어서 자영업자들이 나에게 질문을 많이 한다. 상차림, 마케팅, 서비스, 상권, 아이템, 매장 운영 등 그 분야도 매우 다양하다. 내 전문 분야가 아니더라도 어느 정도는 내가 아는 선에서 많이 도움을 주려고 노력하는 편이다.

요즘 시중에 나와 있는 외식업 책들을 보면 어느 정도 사장님들의 니즈를 충족시킬 만하다고 본다. 또한, 개인 미디어의 발달로 유튜브만 잘 찾아봐도 정말 피가 되고 살이 되는 콘텐츠들이 많다. 뿐만 아니라, 성공한 자영업자들이나 외식 컨설턴트들의 SNS 계정에 올라오는 글들만 보더라도 정말 도움이 되는 내용이 넘쳐난다.

내 경우만 하더라도 페이스북에 간간이 장사에 대한 이야기를 종종 올리는데 이것을 보고 많은 분들이 연락을 주신다. 멀리 미국 필라델피아나 뉴욕, 베트남 하노이, 필리핀 마닐라 등에서 메시지를 보내시며 많이 배운다면서 고충을 털어놓기도 하고 또 창업이나 반찬 관련 컨설팅 의뢰를 해 주시기도 한다.

성공하는 법을 모르는 사장님이 사실상 없는 시대다. 도처에 장사 성공 비법이 널려 있는데도 왜 사장님들이 장사를 잘하지 못할까? 그

것은 바로 실행력이 부재하기 때문이다.

## 닥치고 실행해야 고객이 줄 서는 맛집이 된다

내가 좋아하는 스포츠 브랜드가 나이키이다. 특히 CF를 보면서 많은 동기부여가 되곤 한다. 나이키 회사의 모토는 'JUST DO IT'이다. 광고가 나오는 동안 자사의 운동복이나 운동화가 어떻게 만들어져서 왜 좋은지에 대한 설명이 전혀 없다. 하지만 전달하고자 하는 메시지는 명확하다. 나이키 운동화를 신고 운동을 바로 실천하라는 메시지이다.

나는 가끔 주위에 나이키 이야기를 하면서 'JUST DO IT' 앞에 생략된 카피가 있다고 말하곤 한다. 우리말로 '닥치고'이다. 옛날 같으면 '닥치고'라는 말을 사용하면 크게 잘못된 표현이겠지만, 요즘은 '닥공(닥치고 공격)'같은 단어 정도는 방송에서도 나오는 말이 되었다. 음식 장사하는 분들은 정말 닥치고 실행해야 살아남는다. 실패하는 사장님들 대부분은 성공하는 법을 몰라서가 아니라 현실과 타협하고 타성에 젖어서 아무것도 안 하기 때문이다.

장사는 정말이지 인생을 건 것이며, 그것에 온 가족의 생계가 걸렸다. 실로 중차대한 사업이므로 반드시 실행력이 뒷받침 되어야만 한다. 매장 오픈하기 전의 준비에서부터 남달라야 한다. 사람들은 대학 입시를 위해 고등학교 3년만 아니라 초등학교와 중학교 때부터 엄청나게 준비를 많이 한다. 이렇듯 성급하지 않게 많은 시간 장사 준비를 해야 한다.

매장을 오픈한 후에도 생각하는 것에 그치지 말고 즉각적으로 실행에 옮겨야 한다. 계획했던 매장 운영법과 마케팅 방안 그리고 메뉴 조리법과 신메뉴 개발과 서비스 등을 닥치고 실행해야 한다. 그래야 내 인생을 송두리째 투자한 매장의 성공을 장담할 수 있다. 실패한 이유는 수십 수백 가지가 될 수 있다. 성공한 이유는 다섯 가지면 충분하다. 그 몇몇 성공의 법칙을 닥치고 실행해야 TV에도 나오고, 고객이 줄을 서는 맛집으로 거듭날 수 있는 것이다.

### 실패 경험을 동기부여 기회로 삼아라

교촌치킨에서 교육팀장을 맡은 후 이바돔 감자탕을 다니다 퇴사했는데 이때 해외 사업을 하려다 쓰디쓴 패배를 맛본 경험이 있다. 이를 계기로 나는 다른 성향의 사람이 되지 않았나 싶다. 전 재산을 잃고 신용이 안 좋아서 늘 채권추심업자들에게 전화를 받았는데, 그들은 종종 집까지 방문하곤 했다. 내가 가진 많은 걸 잃어보니 적나라한 내 모습이 드러나기 시작했다. 현재 반찬 유통 회사 대표인 나를 접하는 사람들은 이런 이야기를 할 때면 믿지 못하겠다는 표정을 짓곤 한다.

이제 내 나이 오십이 좀 넘었지만 18년 전 그때를 생각하면 아직도 정신이 아득하기만 하다. 새벽에 일어나 우유를 배달했고, 고춧가루 방앗간에 출근해 막일과 고춧가루 배달하는 일이 끝나면 저녁에 치킨 배달하는 일을 하며 3년을 빚만 갚았다. 이때 빚이 3억 원 정도 되었는데 그 빚을 전부 갚기까지는 약 8년이라는 시간이 흘렀다.

이때가 내 인생의 가장 큰 '동기부여'의 계기가 되었다. 더 이상 밑으로 갈 곳이 없다고 느낀 나는 앞으로 올라갈 일만 남았다고 생각했다. 돌이켜보면 이러한 긍정의 생각이 정말 중요하다. 자영업자가 창업을 하고 실패하는 것은 남의 얘기가 아니라 바로 나 자신의 얘기일 수 있다. 실패 후에 다시 재기하는 것이 중요하다. 실패 경험을 성공의 동기부여 기회로 삼아야 한다. 또한 같은 실수를 절대 반복하지 않는 것이 중요하다.

## 고객이 사장과 직원에게 급여를 준다

나는 유독 주변에 사람이 끊이지 않는다. 내가 남들보다 다소 외향적인 성격이기도 하지만, 최근 들어 성공한 식당이나 프랜차이즈 본사에 컨설팅이나 자문으로 도움을 주었다는 소문이 조금 나면서 더더욱 사람들이 모이고 있다. 나는 남들에게 나 자신을 이야기꾼이라 말하는 편이다. 늘 상대방의 말을 경청하는 자세를 갖고, 상대방에게 도움이 되는 이야기를 격의 없이 하려고 노력한다. 이러다 보니 꼬리에 꼬리를 물고 많은 외식업자들이 나를 찾아온다. 이분들은 나에게 마치 고객과 같은데 그런 점에서 나는 고객 응대를 잘하고 있는 듯하다.

내게 찾아온 외식업 사장님들에게 늘 이것을 강조하고 있다.

'고객은 나와 내 직원에게 급여를 제공하는 주체'

사장님은 고객들이 올려준 매출을 보관하고 있다가 판매관리비, 재료비, 인건비, 세금 등을 제하여 직원들에게 급여를 주고 그 나머지를 자신의 급여 형식으로 가져간다고 말한다. 실로 장사에서 매우 중요한 위치에 있는 것이 고객이다. 그런데 장사를 하다 보면 고객에 대한 소중함을 쉽게 놓치게 된다. 당연해진 존재, 늘 있어야 할 곳에 존재하는 사람들로 취급하기 때문이다.

그때부터가 문제의 시작이다. 직장 생활을 해본 이들이라면 내게 급여를 주는 사장님의 존재가 엄청나게 큰 존재라는 것을 잘 안다. 고객을 그와 동급으로 생각해야 한다. 고객은 늘 어려운 것이다. 고객과 눈이라도 마주치면 그냥 지나치지 말고 눈인사라도 꼭 해야 한다. 무대 위의 배우는 관객이 없이 존재할 수 없듯이 식당은 고객 없이는 절대 존재할 수 없다. 과연 사장님은 내 매장을 방문한 고객을 위해 어떠한 노력을 했는지, 하고 있는지, 할 것인지에 대한 진지한 고민을 해야 한다.

## '자기 객관화'가 식당 성패의 중요한 요소

스스로 창업을 하시고 보통 장사가 잘 안 되는 식당 사장님들이 나를 많이 찾아오신다. 이분들 대부분의 공통적인 특징은 '자기 객관화'에 실패했다는 것이다. 식당 운영, 음식의 맛, 메뉴개발, 서비스, 인테리어 등에 대한 객관화에 실패했다.

나는 과거에 식당을 할 때부터 아니, 내 매장은 아니지만 점장생활을 할 때부터 만석이 되거나 고객이 어느 정도 자리에 차게 되면 매장 밖에서 매장을 꼼꼼히 들여다보곤 했다. 그럼 내가 식당 안에서 오퍼레이팅(operating)을 하고 있을 때보다 직원들의 움직임이나 고객의 동선 등이 정말 훨씬 잘 보였다. 그래서 늘 식당 사장님들에게도 제3자의 눈으로 내 매장을 바라보는 시간을 정기적으로 갖는 것이 중요하다고 강조한다. 그러면 식당 사장으로서 미처 몰랐던 매장의 장단점을 파악할 수 있다. 핸드폰 CCTV로 체크하는 것도 중요하지만 바로 매장 앞에서 체크하면 훨씬 더 많은 것들이 보인다.

특히, 중요한 것이 '음식에 대한 객관화'이다. 정말이지 이 부분은 할 이야기가 많은데 음식이란 맛이 전부라고 할 수 있다. 맛의 제품력이 동반되지 않은 식당은 성공할 수 없고 만에 하나 마케팅을 통해서 어느 정도 궤도에 진입했다고 하더라도 장수할 수 없다. 그리고 맛은 늘 발전되고 진화해야 한다. 고객은 귀신이다. 내가 저렴한 재료로 바꾸고, 중량을 속인 것을 나만 알고 있다고 착각하는 것은 정말 큰 오산이다. 고객은 적극적으로 컴플레인하지 않는다. 내게 컴플레인하는 고객은 늘 10%도 되지 않는다. 고객은 그저 재방문하지 않을 뿐이다. 그러니 내 음식에 대한 객관화가 식당 성패에 가장 중요한 요소라 해도 과언이 아니다. 잘 되는 식당의 메뉴를 맛보고 또 수시로 음식 맛에 대한 고객의 냉정한 평가를 체크해야 한다.

식당 안에만 있으면 우물 안 개구리가 된다. 매출이 왜 떨어지는지, 나와 동종 업종의 다른 매장은 왜 잘 되는지 수시로 알아보고 찾아봐야 한다. 시간을 억지로 내서라도 수많은 외식업 디벨롭(develop) 과정들 중 본인에게 맞는 외식업 공부 등을 경험해 보는 것이 좋다. 이를 통해 자신의 현 위치를 객관화할 수 있는 계기가 되며 또 발전의 자양분을 얻을 수 있다. 결국, 공부하는 식당만이 살아남을 수 있다.

## 전문직으로 화려하게 거듭나는 외식업

외식업에 발을 들인지 벌써 25년이 되었다. 경제적으로 힘든 상황에서도 배달이나 식자재 관련 일들을 하며 한순간도 외식업 이외의 일을 해본 적이 없다. 나라고 다 성공만 했겠는가? 수없이 많은 실패를 했지만 똑같은 실수를 반복하지 않는 것에서 성공의 길을 찾아왔다.

대한민국 외식업 시장은 25년간 늘 불황이었다. 전염병, 정치적 이슈, 부동산 문제, 전쟁, 환율 등으로 안정적인 때가 없었다. 과거에도 그

랬듯이 앞으로도 그럴듯하다. 그래도 누군가는 식당 사업으로 돈을 벌고 누군가는 폐업을 하고 망한다. 그러니 이 외식업 시장은 정직한 시장일지도 모른다. 기회가 불공평한 요즘 세상에 창업 준비가 잘되고, 좋은 태도를 유지하고, 부지런하기만 하다면 식당으로 또 프랜차이즈 기업으로 개천에서 용 날 수 있는 마지막 창구가 장사라고 생각한다.

최근, 셰프라는 직업이 넷플릭스 프로그램 〈흑백요리사〉를 통해 다시 한번 화려하게 부각이 되었다. 과거에 셰프는 그저 주방장 혹은 찬모라 불리는 사람들에 지나지 않았을지 모르지만 시대가 크게 바뀌었다. 요식업이 사람들에게 인정받는 직업이 되면서, 앞으로는 전문성을 갖춘 식당들이 많은 분들로부터 사랑을 받을 것이다. 그러니 음식 장사하는 식당 사장님들은 이제 전문직에 종사하는 사람으로 거듭나야 한다. 이때 비로소 무엇을 해야 할지가 명확해진다.

이와 더불어 장사하는 분들은 전 세계가 열광하는 한식을 계속 발전시켜야 하는 사명감도 되새겨야 한다. 현재 전 세계가 K푸드 열풍이지만 안타깝게도 한국 본토의 외식업은 갈수록 침체기이다. K푸드가 일시적이지 않고 지속적으로 전 세계인이 사랑하는 음식이 되기 위해서는 외식업에 종사하는 모든 분들의 각별한 관심과 노력이 필요하다.

이 책은 내가 2000년 롯데리아 매니저로 일을 시작하면서부터 지금 ㈜단지에프앤비의 대표이사 일을 하기까지 25년간 터득한 외식업 노하우를 정리해 놓은 것이다. 특히, 자본금 얼마 없이 시작한 식당 반찬 유통회사 대표로서 식당 반찬 구성이나 상차림 노하우로 성공 식당 만드는 법을 소개해 두었다. 장사나 사업은 똑같다. 정답은 수학문제 해답처럼 정확하게 정해져 있지 않다. 장사가 잘되고 고객에게 인정받게 되면 그것이 바로 정답인 것이다.

메인 메뉴와 잘 어울리는 반찬 구성 방법은 주요 식당별로 소개해 놓았다. 삼겹살집, 보쌈집과 족발집, 한상차림집, 국밥집의 주메뉴와 최상의 조합을 이루는 반찬 구성법을 설명하고 있다. 이 과정에서 반찬으로 경쟁력 있는 식당이 될 수 있음을 성공한 식당의 사례를 통해 보여주었다. 보통 식당 이름은 위에 열거한 것처럼 메인메뉴 중심으로 되어 있다. 하지만 우리나라의 독특한 식문화는 반찬을 빼놓고는 이야기가 되지 않는다. 영화 속 주연을 더욱 빛나게 해주는 조연이 있는 것처럼 메인 메뉴를 빛나게 하는 반찬 이야기를 잘 정리해 놓았다.

이 책이 부디 음식 장사 특히, 한식을 업으로 선택하신 모든 분들에게 또 하나의 든든한 장사 밑천이 되길 바란다.

김정덕

1부

# 실패하지 않는 식당의 반찬 경영

# 1. 장사, 왜 하는가?

# 01

# 경험 없다면 장사는 꿈도 꾸지 마라

최근 몇 년 사이에 일반 예비 창업자들과 더불어 고등학교 동창들이 많이 찾아오고 있다. 고교 동창들은 대부분 대기업을 다녔는데 부장에서 이사로 진급하지 못하고 퇴직을 하게 되자, 나에게 찾아와 식당 창업 컨설팅을 부탁하고 있다. 나를 찾아오는 대부분의 고교 동창들 경력은 상당히 화려하다. 내가 다니던 고등학교는 인천에 있는 특목고였다. 나는 학력고사 시험을 크게 망쳐 전문대를 간 후 최근에야 사이버대에서 학사를 했는데, 시간이 허락한다면 머지않은 시간 내에 대학원 진학을 할 예정이다. 이런 나와 달리 친구들은 명문대 출신이 많고, 상당수가 내로라하는 대기업에 취직을 했다.

세월이 흘러 대기업 다니던 친구들이 퇴직을 앞두고 나에게 손을 내밀고 있다. 신기하게도 나를 찾아와 하는 말들이 다들 대동소이하다.

"오랜만이다. 친구야, 내가 지금까지 애들 키우면서 퇴직금까지 하면 2~3억원 정도 모은 듯한데. 애들은 중학생인데 내가 이제 회사를 곧 그만둬야 할 것 같아. 친구들 얘기 들어보니 네가 외식 관련해서 주변 사람들 많이 도와준다고 하더라. 식당을 좀 해보려고 해. 너한테 상담 좀 한번 받아 보려고 왔어. 많이 도와줘라."

이것은 실제 얘기이며, 이런 상담을 의뢰하는 내 나이 또래 분들이 꽤 많다. 나는 반찬을 식당에 유통하는 (주)단지FnB의 대표이사이면서 몇몇 유명 프랜차이즈 본사의 자문 역할도 해오고 있으며 식당 컨설팅도 하는 외식컨설턴트이기도 하다. 또한, 몇 개의 식당을 동업 형태로 운영 하고 있다. 다른 외식컨설턴트라면 아마도 자신을 찾아온 친구들에게 친절히 식당 창업 컨설팅을 해줄지 모르겠다. 이를 통해 외식 컨설팅 사례를 늘릴 수 있고 또 컨설팅 수익을 거둘 수도 있기 때문이다. 나는 다르다. 거두절미하고 이런 말을 건네는 편이다.

"친구로서 말하는데, 될 수 있으면 나는 장사를 권하지 않아."

상담하러 오는 친구들과 예비 창업자들의 가장 큰 문제들 중 하나는 장사를 너무 쉽게 생각한다는 점이다. 식당이라는 것이 그저 문만 열면 저절로 돈을 버는 구조라고 생각하고 오는 경우가 아직도 너무 많다. 나는 은퇴한 친구들이 사회에 나와서 전 직장만큼 돈벌이를 할 양질의 일자리가 없기 때문에 음식 장사에 몰려들고 있다는 사실을 정말 잘 알고 있다.

정부에서도 창업을 독려하는 방편으로 소상공인 대출을 많이 해주고 있는데 2~3천 만원 정도의 수준이 대부분이다. 이 자금이 장사하는 분들에게 얼마나 도움이 될까? 본인의 자금과 더불어 이만한 자금이 플러스 된다 한들 식당 창업으로 성공하기란 하늘의 별 따기와 같다. 자본주의 구조적으로 성공할 수 있는 식당을 만들려면 '인풋(input)'이 많아야 한다. 그래야만 '아웃풋(output)'이 많이 나온다. 적은 자금 곧 소자본으로 작게 시작하면 실패 확률이 매우 높은 게 현실이다. 그래서 나는 솔직히 대한민국 식당을 '자본주의 식당'이라 꼬집어 말하기도 한다.

그럼에도 불구하고 다들 쉽게 창업을 하다 보니, 너도나도 목돈만 있으면 창업시장에 뛰어들고 있다. 그 결과, 대한민국 창업시장은 경쟁자들이 너무 많은 데 비해 제대로 장사하는 사장님은 별로 없다.

"주말도 포기하고 일할 수 있니?"

장사를 권하지 않는다는 내 말을 잘 납득하지 못하는 친구들이 더러 있다. 그런 친구들에게는 먼저 이 질문을 던진다.

보통 기업체에 다니는 직장인이라면 9시에 출근해서 6시에 퇴근하는 게 일반적이다. 그다음에 빨간 날 쉬고 토요일, 일요일 쉰다. 월급 받는 직장인은 휴일과 주말 그리고 저녁이 보장된 삶을 살아가게 된다. 자영업자는 이런 삶과는 180도 다르다. 저녁도 포기해야 하고, 빨간 날도 주말도 포기해야 한다. 이렇듯 외식업이라는 게 사실은 노력하고 희생을 하는 대가로 돈을 버는 직업이다. 그래서 식당을 막 시작하는 분들이 가장 처음 부딪히는 현실의 벽은 일하는 시간이 너무 길다는 점이다. 일년 365일 내내 하루 종일 온전히 매장 안에서 일하는 것을 견뎌내지 못한다.

일부 오랜 세월 직장 생활에 익숙해진 창업 희망자들은 점장을 두고 매장을 오토로 돌리면 된다고 착각하는 경우도 종종 있다. 특히 초보 창업자의 경우 오토로 매장을 돌리려고 하다가는 곧바로 망하고 만다. 그래서 외식업 경험이 전무한 친구를 비롯한 화이트칼라 4050이 내게 찾아오면 되도록 장사하지 말라고 말리는 편이다. 그런데도 끝까지 장사를 하고 싶다고 하면, 나는 다음으로 이 말을 건넨다.

"하고 싶은 업종의 식당에서 최소 3~6개월 일해 봐라. 식당의 종업원으로서 일해 보고 나서도 하고 싶다면 그때 해도 절대 늦지 않는다."

내 말을 듣고 막상 식당 일에 도전을 해보지만 대부분 한 달도 채우지 못한 채 그만두고 만다. 이런 분들은 정말 장사가 쉽지 않으며, 장사를 하지 말아야 한다는 것을 몸소 체험한 것이다. 식당은 일하는 사람들이 기업체 사무직 수준으로 대우받는 공간도 아닌데다 그곳에서 말단 종업원으로 일하는 것은 여간 힘든 게 아니다. 식당 일은 육체적으로 힘들 뿐만 아니라 다람쥐 쳇바퀴 돌듯 지루한 일상이 무한 반복되는 곳이다. 일반 직장 생활에 익숙해진 사람들은 이것을 특히 견디지 못한다. 그래서 나는 늘 예비창업자들에게 일상의 지루한 반복을 이겨내야 한다고 강조하며, 그래야 식당 사장님이 달인이 되고 그 식당은 고객이 줄 서는 맛집이 될 수 있다고 말하는 편이다.

나에게 찾아온 두 부부가 있었다. 한 50대 부부는 여유 자금이 상당히 있었으며 생선구이 집을 하고 싶어 했고, 한 40대 부부는 창업비가 1억이 채 안되었고 자그마한 고깃집을 하고 싶어 했다. 이 두 부부에게 처음부터 창업을 말렸지만 창업 의지가 강했다. 그래서 50대 부부에게 생선구이집에서 3개월간 일해 보라고 했다. 그 결과 그 부부는 견디지 못했고 장사를 포기했다. 40대 부부에겐 좀 더 냉혹한 현실을 알려드렸다.

"총 창업비 1억 원 규모의 고깃집을 오픈하는 것이 쉽지 않을뿐더러 그 돈은 날려버리기 쉬운 돈입니다. 다른 식당과의 경쟁에서 이겨야 하는데 자금이 여유롭지 않아 창업하기에 자리가 안 좋은 데로 가야만 하고, 인테리어에도 돈을 많이 쓸 수 없어서 100% 망할 수밖에 없는 구조이기 때문이죠. 1억 원은 적금하시고 두 분이 진짜 장사를 하고 싶으시면 식당에 가서 열심히 일하시면 두 분 합쳐서 매월 600만 원 정도는 받으실 수 있을 거예요. 그래도 장사할 자신이 있는지 자문해보셔도 늦지 않습니다."

현재, 이 40대 부부는 식당에서 수개월째 일하고 있다. 언젠가 준비가 완벽히 되었을 때 창업을 하기 위해서다. 마음 속 깊이 굳은살이 생기시면 무조건 도와드릴 예정이다.

TV를 틀기만 하면 전국의 내로라하는 유명 맛집들이 무수히 많이 소개된다. 식당 문 앞은 기다리는 손님들이 길게 줄지어 있고, 이미 내부는 손님들로 가득하며, 한 달에 억대의 매출을 올린다는 이야기를 종종 접하게 된다. 사실, 그 맛집이 잘 되는 이유는 주변에 맛없는 식당들이 너무 많기 때문이다. 맛없는 식당, 잘 못하는 식당이 워낙 많다 보니 해당 지역에 극소수의 맛집이 생기는 것은 당연한 이치이다.

지금 장사를 시작하려고 한다면 나 자신은 맛집을 위한 들러리로서 맛없는 식당이 되지 않을 준비가 되었는지 냉철하게 자문해봐야 한다. 맛있는 음식을 내놓을 준비가 전혀 안 된 상태에서 단지 유명 맛집이 큰돈을 번다는 것에 현혹이 되어 문만 열면 성공할 줄 알면 오산이다. 지금 전국 식당의 수십만 명 자영업자들은 장사가 안되어 죽을 고생을 하고 있다는 현실을 분명히 직시해야 한다. 장사를 하려면 해당 업종 경험은 필수인데 그 경험이 없는 초보 사장님들에게 나는 될 수 있으면 장사를 권하지 않고 있다. 나는 장사를 포기한 사장님들에게 창업자금을 그대로 유지하여 최소한 그 돈은 날리지 않게 도움을 준다.

물론, 나는 몇몇 예비창업자의 식당 창업을 컨설팅하여 성공 사례를 만든 일도 적지 않다. 이 사장님들은 내가 요청한 대로 충분한 시간 동안 식당에서 일을 한 경험을 갖고 있었고 식당 창업 준비와 자신감이 남달랐다.

# 02

# 유명 프랜차이즈가 모든 걸 해줄까?

처음부터 식당 사장님이 인생 첫 번째 직업인 분들은 거의 없다. 나 역시 유명 프랜차이즈 본사의 말단 직원으로 시작하여 15년간 월급쟁이로 직장생활을 했다. 긴 세월 동안 많은 경험치를 얻은 끝에 현재의 식당 반찬 유통 사업의 대표직을 맡고 있으며, 다수의 외식 프랜차이즈 본사나 식당의 상차림 컨설팅을 통해 나름 성공을 거두고 있다. 처음 식당을 시작하는 분에 비해 나는 연륜으로 보나 관련 정보와 기술면에서도 압도적으로 우위에 서 있었다. 따라서 창업한 분들에게 큰 도움을 줄 수 있었다.

내가 옆에서 자문한 프랜차이즈 브랜드로는 삼겹살 브랜드 '뭉텅', 한상차림의 '괭이부리마을', 국밥집의 '청와옥', 족발집의 '족발신선생',

고깃집 브랜드 '원조부안집' 등이 있다. 현재 이 외식업체들은 대중들에게 상당히 많이 알려져 있고, 다들 년 매출 수십억에서 수백억대를 올리며 성공 가도를 달리고 있다. 내가 손대는 식당들이 나름대로 성공을 거두자 몇몇 분들은 나를 성공한 외식 컨설턴트라고 여기기도 한다. 하지만 나 역시 처음부터 사장님이 아니었듯이, 처음부터 탁월한 실력을 갖춘 외식 컨설턴트가 아니었다. 또한, 몇 번에 걸쳐 쓰디쓴 실패를 맛보기도 했다. 말이 실패지 망한 식당 망한 브랜드도 몇 있다. 내가 십여 년 전만 하더라도 채권 추심을 받는 신용불량자 위치에 있었다고 하면 이런 이야기를 믿는 사람들이 많지 않다. 정말 나락 끝까지 갔었던 경험이 있다. 지금의 나를 만든 것은 긴 세월 동안 같은 실패를 두 번 다시 하지 않으려 노력한 경험치이다.

안정적인 창업의 길로 일부 창업자들은 유명 프랜차이즈 가맹점을 시작하는 경우가 있다. 미래가 불투명한 개인 창업 대신에 성공한 프랜차이즈 가맹점으로 창업하고 싶은 것이다. 유명 프랜차이즈는 괜히 이름값이 있는 게 아니라서 어느 정도 안정적인 매출을 기대해볼 수도 있다. 그래서 직장생활을 하다 은퇴한 분들 중에서는 프랜차이즈 박람회에 가서 한 아이템이 좋아 별다른 준비 없이 창업을 하는 사례가 꽤 있다. 이런 분들은 대부분 본사만 믿으면 모든 게 잘 될 거라고 생각한다. 물론, 프랜차이즈 가맹 창업은 개인 창업에 비해 안정성을 어느 정도 담보 할 수는 있다.

그러나 이는 위험한 생각이다. 프랜차이즈 가맹점 창업 역시 해당 아이템의 식당에서 일을 해본 경험이 되도록 필요하다. 최소 몇 개월에서 몇 년 정도의 경험이 축적이 되었을 때, 프랜차이즈 가맹점의 성공 확률도 높아진다. 프랜차이즈 가맹점 창업 역시 창업자의 경험이 필수다. 자신의 경험이 전무한 상태에서 본사의 경험이 모든 것을 해줄 것이라고 착각하지 말아야 한다. 매장의 사장님으로서 해당 업종의 경험은 필수적이다.

'시작이 반이다'라는 말이 있는데 창업에서 시작은 철저한 준비단계를 이야기하는 것이다. 준비단계는 공부를 이야기할 수도 있고, 동일 업종의 식당에서 종업원으로 일하는 걸 의미할 수도 있다. 그런데 이런 시작을 마치 계약이나 상권분석 또는 프랜차이즈의 가맹 계약으로 잘못 알고 덤비는 창업사들이 석지 않은데 그 결과는 냉혹하다.

어느 날 유명 돈까스 프랜차이즈 가맹점을 운영하는 지인 B가 나를 찾아와서 하소연했다. 문을 열고 나서 2개월은 진짜 큰돈을 벌 수 있을 것만 같았는데 시간이 지나면서 급격하게 손님 방문이 크게 줄어들었다고 했다. 그러다가 현재는 서빙 직원을 내보내고 혼자 식당을 지키고 있는데, 적자라고 하면서 앞으로 얼마나 버틸 수 있을지 암담하다고 했다. 이 지인은 창업한 지 8개월이 되어 가고 있었다. 이 지인은 창업을 할 때 나에게 상담을 받지 않았기에 경험의 중요성을 모른 채 프랜차이즈 본사만 믿고 가맹점 계약을 하고 만 것이다. 지인은 흥분한 채로 목소리를 높였다.

"완전히 사기를 당했습니다. 어떡하면 좋죠?"

사실 우리나라 역시 가맹거래법이 잘 정착되고 있어 사기는 거의 있을 수가 없다. 외식 컨설턴트로서 나는 어떻게 된 사연인지를 대강 짐작할 수 있었다. 본사와 점주 둘 모두에게 문제가 있다고 봤다. 먼저, 시장성이 그리 크지 않은 아이템임에도 불구하고 오픈만 하면 모든 가맹점이 돈을 벌 수 있다고 말한 본사에 문제가 있었다. 많은 가맹점 계약을 맺어 큰돈을 벌 욕심에 사로잡혀 철저한 시장 조사를 외면한 것이다. 그 결과 일부 몇 개 점포만 매출이 준수하게 나올 뿐 대부분 매장의 매출이 생각보다 저조했다. 지인 B의 경우, 큰마음을 먹고 경기권 유동인구가 많은 대학가에 점포를 열었지만 한 달 매출 수천 만원대가 나와야 했음에도 월 천만 원이 나오지 못했다. 매출이 저조한 이유는 맛도 특별하지 않았으며, 돈가스라는 아이템의 특성상 고객의 재방문율이 한식과 비교해 떨어지는 데 있었다. 또한 대학가 상권의 특성상 방학 시즌과 학기 중 시즌 매출 차이가 정말 클 수밖에 없다.

다음, 아이템과 프랜차이즈 본사만 맹목적으로 믿은 가맹점주에게도 문제가 있다. 매장의 높은 매출 성과는 누가 내신 책임을 져주는 게 절대 아니다. 프랜차이즈 본사는 일정 정도 도움을 줄 뿐이다. 그런데도 해당 업종 식당에서의 경험을 쌓지도 않았고, 충분하게 시장 조사도 하지 않은 채로 본사 브랜드만 믿고 가맹 계약을 한 점주에게도 문제가 있다. 그렇게 호기롭게 오픈을 하고 나서 탈이 나면, 책임은 본사에게

만 있을까? 절대로 그렇지 않다. 책임은 일부 본사에게도 있지만, 계약을 하고 오픈을 했던 점주 당사자 책임이 대부분이다.

점주는 가맹금의 비용을 지불하고 가맹 계약을 맺은 입장인데, 가맹금을 받은 본사는 명백한 불법만 저지르지 않으면 사실 별다른 책임이 없다. 또한, 가맹점 사업자 역시 사업자등록을 하고 독립적인 사업자의 지위를 얻어 영업을 하므로 대부분의 책임은 가맹점 사업자 당사자에게 주어진다.

지인 B가 장사를 실패한 이유를 그 자신에게도 찾아볼 수 있었다. 그는 오십 평생을 요식업하고는 전혀 관련 없는 공기업에서 일해 오다가 막상 은퇴를 하자 막바로 프랜차이즈 가맹점을 시작했다. 그는 요리 자체를 잘하지도 못할 뿐만 아니라 즐기지도 않았다. 오로지 돈벌이 목적으로 그 프랜차이즈의 돈까스 매장 문을 열었던 것이다.

지인 B와 대화를 나누다가, 지인 B에게 장사가 잘 맞는 것 같았냐고 물었더니 예상했던 답이 돌아왔다.

"아이고 말도 마세요. 하루 종일 서서 일하는 것이 그렇게 힘든 줄을 몰랐어요. 몇 개월째 죽을 고생을 했어요. 그리고 저녁에 장사를 하는 것도 체력이 부치더라구요. 장사 아무나 하는 게 아니라는 걸 깨달았지 뭡니까?"

프랜차이즈 가맹점도 예외가 되지 않는다. 경험치가 없이 편하게 돈을 벌 수 있다고 생각하면 안 된다. 세상에 그런 장사는 하나도 없다. 나는 강의를 할 때, 경험을 해야 한다고 역설하면서 '바이오리듬'을 강조하는 편이다. 음식 장사하는 데 무슨 바이오리듬까지 체크해야 하냐며 반문하는 분이 있을지 모르겠다. 하지만, 우리는 보통 이미 엄마 뱃속에서부터 해가 뜰 때 하루의 일상을 시작하고 해가 지면 집에서 쉬게 되는데 이것이 사람 모두에게 내재된 생활의 생체 시계 곧 바이오리듬이다. 그런데 외식업은 이 바이오리듬을 벗어나는 것을 요구한다. 새벽 장사의 경우 해뜨기 훨씬 전 5시에 나가기도 하고, 야간 영업 마감을 하면 새벽 2시까지 일하는 경우가 있으므로 새벽 장사나 심야 장사를 하려면 기존에 갖고 있던 바이오리듬이 엄청나게 깨질 수밖에 없다. 이것을 잘 적응하기란 처음부터 쉬운 게 아니다.

따라서 나는 다른 직종에서 오랜 생활을 하다가 처음 외식업에 들어오려는 분들에게 말한다. 정말 장사를 하고 싶다면 그 해당 업종의 식당에서 바이오리듬이 적응되는 경험을 해보라고 한다. 몇 개월 엄청 고생을 하다가 시간이 지나면서 점차 식당의 바이오리듬이 맞게 된다. 솔직히 우리는 장거리 외국행 비행기 타고 외국에 가면 시차에 적응 못하는데, 생체 바이오리듬을 거스르는 식당 일을 뚝딱 며칠 만에 적응할 수 있다고 기대하는 것은 우스운 일이다. 이 때문에 내가 창업 희망자들에게 식당에 종업원으로 경험을 꼭 해보라 권유하는 것이다. 안타깝게도 유명 스타 셰프가 대표인 프랜차이즈, 가맹점 평균 매출이 크게 높은 프랜차이즈가 모든 걸 대신해주지 않는다. 결국 모든 책임은 내 스스로에게 있는 것이다.

# 03

# 실패를 각오하고, 회복탄력성을 길러라

외식업체 폐업률이 가파르게 높아지고 있다. 코로나19 시기에도 폐업률이 높았는데 요즘은 그때보다 더 높아졌다. 2023년 기준 외식업은 79만 개 중 15만 개가 문을 닫아 폐업률이 19.4%에 달했다. 특히, 15만 9000개가 문을 열고 15만 3000개가 문을 닫았는데 이는 곧 창업 대비 폐업 비율이 96.2%라는 말이다. 이처럼 외식 창업 시장이 꽁꽁 얼어붙었는데도 폐업한 사장님들의 수만큼 누군가는 또 다시 창업에 나서고 있다.

창업하자마자 성공한 사장님은 정말 복 받은 분들이다. 요즘말로 전생에 나라를 구하신 분들이다. 그 사장님들은 여러모로 준비를 잘했기에 성공을 거두셨을 것이다. 그러나 그 수는 극히 제한적이다. 통계가 보여주듯이 수많은 창업자들이 실패를 경험할 수밖에 없는 구조다. 그러니 장사를 시작하려는 분은 실패를 할 수 있다는 것을 염두에 둘 필요가 있다. 실패가 찾아오더라도 오뚝이처럼 다시 일어서는 회복탄력성을 길러야 한다. 그래야 재창업 시에 두 번의 오류를 겪지 않고 원하는 방식으로 식당을 운영할 수 있다.

내가 운영하는 단지FnB는 2024년 기준 100억 원 매출을 목표로 했다. 식당에 반찬을 유통하는 이 회사는 2017년 개인사업자로 창업한 후 2020년 1월 법인으로 성장해왔다. 창업을 할 때 속으로 1년에 10억씩 매출을 올려 2027년에 100억 매출 회사를 만들자고 생각했었는데 그 꿈이 앞당겨지고 있고 2025년 올해는 초과 달성 할 수 있을 듯하다.

이와 더불어 나는 식당에 반찬을 공급하는 회사 대표로서, 새로 창업한 사장님의 식당이 성공하길 바라는 마음으로 성심성의껏 외식 사업 노하우를 전수해주었다. 이것이 하나둘 차곡차곡 채워지다 보니 어느새 나는 외식 컨설턴트로서도 유명세를 치르고 있다. 외식 컨설팅 문의를 해오는 전화가 많아졌다.

이렇게 나를 소개하면 내가 처음부터 성공 궤도를 달려왔나 보다 생각하는 분들이 있을 것이다. 전혀 그렇지 않다. 오랜 직장생활을 그만둔 후 음식 장사를 시도했던 나는 큰 실패를 했었다. 롯데리아, 교촌치킨, 이바돔감자탕 등의 프랜차이즈 본사에서 근무했던 나는 우즈베

키스탄에서 사업을 하다가 크게 망했다. 빚 3억 원 가까이가 고스란히 남았다. 이때가 2008년도 초다. 당시 사서교사였던 아내가 임신을 했었는데 매일 같이 채무 독촉에 시달리다 보니 나는 정말 안 좋은 생각까지 했었다.

직장생활을 할 때는 성공한 브랜드에 재직하거나, 내가 브랜드를 성공시켰었는데 하루아침에 완전히 대인기피증의 폐인이 되고 말았다. 이때, 매일 술만 마시던 내게 아내가 귀한 쌈짓돈 3만 원을 주면서 용기를 줬다.

"오빠랑 결혼한 이유가 돈이 많아서 한 것도 아니고 사람이 좋아서 한 거잖아. 왜 이러고 있어? 나가서 열심히 살아야 하는 거 아냐? 예전의 자신감 넘치는 당신 어디 갔어?"

아내의 말에 정신이 번뜩 들었다. 예전에 열정적으로 사회생활을 하던 내 모습이 눈에 그려졌다. 현재, 그 모습이 온데간데없이 사라졌다. 아내의 말을 듣고 나서, 내 속에서 다시금 해야 한다는 목소리가 솟구쳤고, '나는 할 수 있다'고 몇 번이고 되뇌었다. 유명 프랜차이즈 회사에서 자신감 넘치게 일을 하던 예전의 나로 돌아가고 싶은 강한 의욕이 일어났다.

그날, 면도와 샤워를 하고 머리를 깎은 후 부모님 댁이 있는 인천으로 향했다. 우연히 인천에서 전에 근무하던 '아바돔감자탕'에 고춧가루를 납품하는 아는 형님의 방앗간에 들렀다. 밥을 얻어먹고 나서 염치 불구하고 여기서 일을 좀 할 수 없냐고 부탁하자, 형님이 이곳은 노가

다를 하는 곳이라 너는 일할 곳이 못된다면서 강하게 거절하셨다. 그래도 꼭 해보겠다며 열심히 어필을 한 보람이 있었다. 저녁에 그 형님의 전화가 왔다.

"출근 한번 해봐라."

다음날 바로 출근을 했고 이때 방앗간에서 월급 250만 원을 받았다. 그래도 내가 처해 있는 상황을 극복하기에는 정말 많이 모자랐다. 수억의 빚을 갚아야 했기에, 궁여지책으로 새벽에 우유배달과 월, 수, 금 치킨집 배달을 뛰었다. 이렇게 저렇게 몸빵을 하고 나면 월 400만 원 정도가 손에 쥐어졌고 이 돈은 고스란히 빚을 갚는 데 사용했다. 집사람의 월급으로 3년간을 살았다. 그 빚 전체를 갚는데 무려 8년쯤 걸린 듯하다. 이 뒤로 나는 다시 프랜차이즈 업계로 돌아왔고 '돈수백'이라는 돼지국밥 프랜차이즈 본사의 본부장으로 근무를 했다. 이때, 직영점에서 근무하며 가끔이지만 일하는 아주머니 채용 면접을 보곤 했었다. 그런데 신기하게도 아주머니들이 자주 그만두는 게 이상하게 생각되었다. 알고 보니 채용한 주부님들께서 섞박지를 직접 담그는 게 너무 힘들다고 하소연 했던 것이다. 고생은 고생대로 하는데다가 자칫 손목 나가는 일이 적지 않았다. 한 아주머니가 요즘에는 깍두기나 김치는 다 사다 쓰지 직접 담그는 데가 어디 있냐고 했다. 그 얘기를 듣자 머릿속이 반짝했다. 이때가 2015년도쯤이었다.

'어, 이런 시대가 오는 건가? 식당 반찬은 매장에 계신 아주머니들이 사부작 사부작 식사와 함께 만들어주었는데 이게 사라지나? 아주머니들이 직접 반찬 만들어주는 백반 문화가 없어지려나? 무엇보다 인건비가 상당히 많이 오른 데다가 사람들이 고생스럽게 반찬 만드는 일을 안 하려고 하지. 그렇다면 반찬을 유통하는 일을 해보면 어느 정도 승산이 있겠다고 생각했다.'

때마침 대한민국에서 제일 큰 반찬 회사인 '반찬단지'의 부사장(당시에는 상무)을 잘 알고 있었다. 부사장이 초등학교 중학교 동창인데 동서지간이었다. 나는 부사장 친구가 소개한 처제와 결혼했다. 부사장에게 찾아가서 안부 인사를 하면서 반찬 유통 사업이 어떻게 돌아가는지, 매출이 꾸준히 좋은지 등에 대해 물어봤다. 그러자 내가 사업실패를 했다는 소식을 접했던 부사장이 나에게 본인 회사에서 일해 볼 것을 권유해왔다. 나는 내가 구상한 사업에 대한 확신이 있었다.

"반찬단지는 농산물 시장이나 케이터링(단체급식)처럼 큰 곳과 유통하잖아. 내가 너희 반찬을 중간단계 생략하고 외식업체에 직접 소개하면 어떨까? 어차피 너희 회사는 매출을 올리니 좋고, 식당에서는 한 단계 거치는 게 줄면 좀 100원이라도 싸게 받아서 좋지 않을까?"

지금 생각해보면 참 단순한 생각이었지만, 반찬단지 부사장이 내 아이디어가 좋다면서 개인사업자로 시작해 볼 것을 권유했다. 2017년 초에 단돈 2천만 원의 자금으로 창업을 했다. 사실 이때도 돈이 없긴 마찬가지였고, 빌려서 우선 시작했다고 보는 게 맞다. 사무실 겸 주방 겸 창고 겸 이런 공간에서 시작했다. 이때만 해도 자신감이 넘쳐났다. 왜냐하면 내가 프랜차이즈 본사에서 오래 일을 했고 나름대로 외부 활동 역시 열심히 해서 인맥을 무척이나 많이 넓혀놨기에 좋은 반찬을 소개하면 무조건 매출이 바로 오를 줄 알았기 때문이다. 뚜껑을 열어보니 현실은 그렇지 않았다. 단 한 곳도 거래를 트기가 힘들었다. 정말 너무 힘들었다. 식당 사장이나 프랜차이즈 본사 사장이 아무리 친한 동생이고 형이라 한들 내가 제안한 반찬들로 곧바로 바꾸지 않았기 때문이었다. 사실 반찬 한 가지만 교체 한다 해도 엄격한 테스트와 함께 단가 경쟁력이 필요했는데 이 까다로운 조건을 맞추기 힘들었기에 1년 남짓 정말 큰 고생을 했다. 직원과 함께 차에 반찬을 싣고 다니면서 전국 방방곡곡 영업을 하러 다녀야 했지만 생각만큼 별다른 매출이 나오지 못했다.

지나고 나니까 이때를 웃으면서 이야기할 수 있지만 이 시기는 나에게 또다시 찾아온 위기였다. 10년 전 사업 실패로 폐인처럼 지내던 시절이 떠올랐고, 등골이 서늘했다. 사업을 실패했던 그때와 달리 지금은 기회가 있었기에 나는 매일 밤늦게까지 일을 하면서도 내 사업 아이템에 대한 확신을 잃지 않고 버텨나갔다. 내가 노력하기 나름이라는 생각으로 난관을 묵묵히 헤쳐나갔다.

그때 시작한 것이 바로 공부다. 공부라고 하면 정말 진저리가 난다. 그래도 인생의 쓰디쓴 패배를 다시 겪고 싶지 않았기에 공부를 시작했다. 전국의 유명한 맛집을 일일이 찾아갔고, 그 맛집에 나오는 반찬들을 분석하면서 공부하기 시작했다. 이때 배운 것이 바로 상차림이고 음식 간의 궁합, 곧 페어링(pairing, 서로 어울리게 짝을 지어 맛을 극대화하는 것)이다. 메인메뉴가 무엇이냐에 따라서 달라지는 반찬의 종류들을 정리하기 시작했고, 이를 블로그에 글로 작성해나갔다.

노력은 배신하지 않는다는 말처럼 어느 순간에 실타래처럼 술술 사업이 잘 풀리기 시작했다. 지금은 200여 종의 반찬을 다루지만 당시에는 젓갈류, 절임류가 중심이었는데 대부분의 반찬이 고깃집 상차림에 어울리는 반찬이었다. 그래서 고깃집 위주로 영업을 다녔는데 그 중 하나가 '원조부안집'이었다. 그 당시 영등포에서 족발집을 운영하던 신근식 대표가 원조부안집 1호점을 오픈한다며 찾아와서 반찬을 잘 구성해주시라고 요청을 했다. 나는 그동안 연구해서 개발한 반찬들로 고기와 어울리게 구성을 해주었다. 대파김치, 씨앗젓갈 등 세상에 아직 빛을 보지 못한 반찬들로 구성했고 사람들에게 잊힌 것을 끄집어냈다. 그러자 엄청나게 큰 반향이 나왔다.

여러 식당에서 우리 반찬을 쓰게 되었다. 시간이 지나면서 이제는 단지FnB가 소문이 많이 났기에 식당 창업을 하는 분들이 반찬 세팅을 요청하러 나에게 찾아오고 있다. 이 와중에 나는 거래처에 더 잘해주기 위해 더 많이 공부했다. 맛의 원리를 과학적으로 설명한 『맛의 원리』의 최낙원 대표님 강의를 듣는 것과 함께 따라다니면서 잘되는 식당에 어떤 반찬이 있고, 향이 어떻게 나오는지 그리고 주메뉴의 사이드로 나오는 반찬이 어떻게 페어링이 되었는지를 체계적으로 공부를 했다. 이와 함께 개인적으로 맛집 다니는 취미가 있던 나는 전국적으로 영업을 하면서 잘되는 식당을 많이 탐방하게 되었다. 그 결과, 이제는 나만의 잘되는 식당 반찬 구성의 법칙을 터득하게 되었다. 이 법칙이 정답이 아닐 수 있다. 다만 나의 경험치와 이에 더해서 계속 공부해 온 결과물이라 생각한다.

장사를 시작하시는 분은 실패할 수 있다는 생각을 반드시 해야만 하고, 그에 대한 마음의 준비를 해야 한다. 그래야 불시에 찾아오는 실패의 늪에 빠져서 완전 낙오자가 되지 않고, 실패를 거울삼아 다시금 용수철처럼 튀어 오를 수 있다. 내가 그렇다. 준비 없이 시작한 사업에 실패한 경험이 값비싼 수업료가 되어주었고, 지금의 100억대를 넘보는 반찬 유통 회사를 일굴 수 있었다. 스스로 극복할 과제가 많은 자영업자는 실패를 극복할 수 있는 마음의 근력인 회복탄력성을 길러야 한다.

# 04

# 직원 구하기가 하늘의 별 따기

"월 300만 원 이상을 준다고 해도 오겠다는 직원이 없으니 이 일을 어쩌죠?"

"주방에서 근무하던 요리사가 쿠팡에서 배달하겠다고 그만뒀습니다. 그 자리가 금방 채워지지 않으니 가게 문을 닫아야 할 상황입니다."

거래처 사장님들의 하소연이다. 아무리 급여를 높게 제시해도 일하겠다는 사람이 없다는 것이다. 홀 직원이 부족하면 사장님 가족이 대신 일을 해볼 수 있겠지만 음식 장사의 핵심 인력인 주방장의 결원은 장사에 치명적이 아닐 수 없다. 오랜 세월 갈고 닦은 요리 기술을 누가 대신 해줄 수 있는 게 아니기 때문이다.

재료비 상승에 더불어 임차료 상승 그리고 과열된 경쟁까지 더해져 장사로 돈을 번다는 것이 갈수록 힘들어졌는데 이것에 더해 최악의 구인난 역시 사장님들의 발목을 잡고 있다. 구인난은 결코 사소하게 넘길 수 없는 장사의 장애 요소이다. 직접 조리를 하며 삼겹살집을 운영하는 경기권의 한 사장님은, 저녁과 주말에 손님들이 많이 몰리는데도 불구하고 홀 직원을 구하지 못해 단축 업무를 하기로 결정했다. 또한 신촌에서 족발집을 하는 사장님은 휴가철이 지나서도 직원을 구하지 못해 발을 동동 구르다가 폐업까지 심각하게 고민하고 있다. 그만큼 식당에서 직원 구하기가 너무 힘들다.

내가 롯데리아에서 첫 사회생활을 시작한 2000년 초의 기억으로 롯데리아 중고등학생 알바 시급이 대략 1,350원쯤이었다. 이게 25년 전인데 지금 시급은 주휴수당 포함해서 1만2천 원이 넘는다. 문제는 최저시급이 높아지다 보니 롯데리아에서 알바하는 학생들이 더 일하기 편한 곳을 선택하고 있다는 것이다. 알바하는 입장에서는 굳이 힘들게 햄버거 만드는 일을 하려고 하지 않는 게 당연하다. 같은 시급이라면 노동 강도가 비교적 낮은 편의점 등을 더 선호하는 걸로 나타났다.

식당은 그 어느 직종보다도 노동의 강도가 높은 곳이다. 따라서 구직자들은 편하게 일하면서 시급을 받는 다른 곳을 선호하고 있는데 특히 요즘 MZ세대들은 더더욱 그렇다. 게다가 코로나 이전만 하더라도 국내 식당에 중국인들을 비롯한 외국인 근로자가 상당히 많았었는데 코로나 기간 본국으로 가서 다시 못 오고 있는 상황이다. 그래서 더더욱 직원 구하기가 고통스러울 만치 힘들다.

대부분의 한국 식당들은 보통 20~30평 규모가 많다. 20~30평 규모이면 식당에서 근무하는 인원이 대략 4~5인 정도인데 많으면 그 이상 근무하기도 한다. 이런 식당에서 어느 날 갑자기 직원 한 명이 안 나오는 일은 비일비재하다. 아프다는 둥 개인적인 사정이 있다는 둥 이유가 많은데 사실 소속감이 없기에 힘들면 바로 그만두고 있는 게 현실이다. 노동법 잣대가 특히나 고용주에게 엄격하기 때문에 식당 사장님은 마지막 근무 날까지의 임금을 정확히 지불해줘야 한다. 게다가 일을 그만둔 직원 입장에서는 당장 일을 하지 않아도 일정 기간 근무를 하게 되면 매달 따박따박 실업급여가 나오기에 더더욱 일할 마음이 생기지 않는 것이다.

한 직원이 갑자기 그만두면 식당은 그야말로 난리가 난다. 식당은 필수적 인원만으로 구성이 되어야 수익 측면에서 유리한데, 한 직원이 빵꾸가 나게 되면 식당 운영이 올스톱이 될 수도 있다. 사장님이나 다른 직원이 그 자리를 메꾸느라 경황없이 일해야 한다. 가장 큰 문제는 홀 근무 직원이 아니라 주방 직원이 그만뒀을 때다. 고깃집의 경우를 살펴보자. 고기를 다루는 육부 직원이 그만두면 고기를 재단하고 숙성하는 일을 아무에게나 함부로 맡길 수 없다. 숙련된 직원만이 할 수 있는 일이다. 주방직원이 갑자기 그만두는 것은 정말이지 악몽과 같다.

이런 현실을 잘 모르고 장사를 하려는 분이 꽤 많다. 창업을 한 후에야 직원 채용이 제일 힘들다고 말하는 사장님들이 있다. 사람이 정말 어렵다. 이 말을 뼈저리게 몸소 체험할 수 있는 곳이 바로 식당이다. 그러니 사장님 스스로가 직원결원을 대비하여 전천후가 되어야 한다. 어려운 일이라 생각할 수 있지만 그래야 비로소 진정한 식당 사장님이 되는 것이다.

현재 단지FnB에 근무하는 직원이 5명이다. 이 직원들이 단지FnB를 성장시켜준 일등 공신이다. 5명의 직원 중 2명이 창업 멤버인데 생사고락을 함께 해왔다. 2000년도 법인 전환 후 창업 초기에 매출이 나지 않아서 애태울 때, 그리고 코로나가 터졌을 때 나와 함께 해주었다. 특히 매우 힘들었던 코로나 시기에는 6개월간 손가락만 빨았다고 할 만치 매출이 바닥이었다. 많은 식당이 문을 닫았고 또 우리 회사에서는 다른 조직과 마찬가지로 외부 영업을 나갈 수도 없었다. 이때 많은 기업체에서는 과감히 직원을 내보내는 식으로 긴축 경영을 해나가고 있었다. 나는 달랐다. 매출이 바닥을 칠 때도 계속 직원을 붙들고 있자 직원 한 명이 나갔는데, 다른 직원 두 명이 내게 무급휴가를 가겠다고 자청해주었다. 나는 미안한 마음이 컸지만 회사 사정상 그 길밖에 없었다. 그때 나는 직원들에게 평생 책임을 지겠다고 하면서 그때 보상받지 못한 무급 휴가를 반드시 갚겠다고 했다. 정말 스스로에게 화가 나고 직원들에게 미안했다.

이 두 명의 직원이 지금까지 성실하게 근무를 하고 있다. 무급휴가로 희생을 한 직원들에게 금전적인 보상을 다 해주었다. 나는 요즘 특히 '글로벌 K 푸디로' 사무국장으로 일을 하면서 해외 출장이 잦고, 수도권뿐 아니라 지방에서의 비즈니스 미팅이 많다. 이런 내가 베트남이나 미국에 있더라도, 또한 서울이나 지방의 한 소도시에 있더라도 마음이 상당히 편하다. 직원들이 회사를 든든하게 지켜주고 있기 때문이다. 이처럼 식당도 복지와 급여를 통해 직원존중 경영을 해야 한다. 그렇게 할 때 직원의 소속감이나 주인의식이 높아진다.

앞으로는 고민이 되는 게 사실이다. 회사 규모가 커져서 더 많은 직원을 충원해야 할 때 곧바로 충원이 될 것인지 그리고 채용한 직원이 오래 근무를 할 것인지에 대해서는 고민이 많다. 직원 구하기가 힘든 현실을 뼈저리게 겪는 날이 올 것이라 본다. 그래서 고객을 대하는 자세만큼이나 직원들 대하는 자세 또한 다른 오너들과는 분명 다르게 해야만 한다.

장사하는 사장님들에게 제일 힘든 것 중의 하나가 일할 사람이 없다는 것이다. 전국의 식당 사장님들이 아우성이다. 직원을 구하지 못해서 죽겠다고 한다. 사람을 대신하는 홀서빙 로봇이나 테이블 오더 등이 속속 도입되고 있지만, 로봇이 할 수 있는 일은 제한적이다. 식당에서는 갈수록 임금을 올려 직원을 채용할 수밖에 없다. 그런에도 요즘은 직원이 채워지지 않고 있어서 식당 하기가 어려워지고 있다. 그러니 식당 사장님은 결원에 대비해 주방, 홀, 배달 어느 포지션이든 다 소화할 수 있는 전천후가 되어야만 그나마 맘 편히 식당을 운영할 수 있다.

# 05

## 창업자가 경계해야 할 확증편향(confirmation bias)

음식 장사를 더 어렵게 하는 것 중의 하나가 갈수록 먹을 사람 즉, 구매 인구가 줄어든다는 점이다. 인구 절벽의 시대가 왔기 때문이다. 과거 2000년 초까지만 해도 1년에 60여만 명의 신생아가 태어났었는데 지금은 3분의 1로 줄어든 20여만 명의 신생아가 태어나고 있다. 24년 동안 40여만 명의 신생아가 줄어들고 있다. 이것이 의미하는 것은 뭘까? 그렇다, 먹을 사람 즉, 고객이 없어진다는 것이다.

젊은 인구가 줄어듦에 따라 일할 사람들이 줄어드는 것도 문제다. 그런데 외식계의 입장에서는 예전과 같이 문을 열어놔도 와서 사 먹을 사람 즉 고객이 줄어드는 것이 큰 위기가 아닐 수 없다. 과연, 장사를 준비하는 분들 중에 몇 분이나 이것을 심각하게 인식하고 있을까? 앞으로 세상을 뒤흔들 인류의 문제를 말하라 하면 나는 서슴없이 '저출산'과 '노령화'라 이야기한다.

과거에 비해 장사하기가 어려운 현실이다. 그렇다면 이에 비례하여 창업하는 분들도 줄어들고 있을까? 그렇지도 않다. 갈수록 장사하려는 분들이 창업 전선에 몰리고 있는 상황이다. 상황이 이렇다 보니 음식 장사 즉 외식업 시장은 한마디로 전쟁터처럼 치열한 생존경쟁이 벌어지고 있다.

유동인구가 많은 홍대에서 삼겹살집을 하려는 분이 있다면 먼저 홍대에 있는 삼겹살집을 찾아봐야 한다. 좁은 지역에 그렇게 삼겹살집이 많다는 것을 알고 나면 덜컥 겁이 나지 않을 수 없을 것이다. 쟁쟁한 브랜드와 경쟁해서 장사를 하는 것이 여간 어려운 게 아니다. 장사 경험이 많은 경력자도 감히 이곳에서 장사를 하는 걸 엄두도 내지 못하는데 경험이 부족한 초짜가 이곳에서 생존하기는 기적과 같은 일이 아닐 수 없다.

다른 지역도 마찬가지다. 유동인구가 많은 지역에서 치킨집, 카페를 하려는 분들도 이미 그곳에 수십 개의 동종 업종 매장이 포진해있다는 것을 확인하게 된다. 그곳을 비집고 들어가서 장사를 한다는 것은 기존 매장들과 '전쟁'을 치러야 한다는 것을 의미한다. 더욱이 전쟁도 보통 전쟁이 아니다. 보통 전쟁이라고 하면 한 적대국과 일대일 맞짱을 뜨는 것이 연상이 된다. 그런데 창업시장의 전쟁에서는 싸워야 할 상대가 너무나 많다. 일대일로 싸우는 것이 절대 아니라 수십 개의 매장과 싸워야 한다.

백반집의 경우는 상황이 최악이다. 내가 여기서 얘기하는 백반집이란 식사를 제공하는 대부분의 식당을 말한다. 점심식사를 위주로 장사하는 백반집은 예전에 오로지 주변의 백반집과 경쟁하면 됐다. 근처에 있는 백반집만이 전쟁의 상대였다. 한데 요즘은 상황이 바뀌었다. 전국 어느 곳에나 들어선 편의점과도 싸워야 한다. 이곳에서 판매되는 도시락이 소비자에게 미치는 영향력은 갈수록 높아가고만 있기 때문이다. 저렴한 가격에 높은 품질의 편의점 도시락과도 경쟁해야만 하는 것이 요즘의 백반집이 처한 혹독한 현실이다.

엎친 데 덮친 격으로 근래에는 배달 시장이 가파르게 성장하고 있다. 이제는 백반집을 포함해 모든 업종의 식당이 배달 업체와도 경쟁해야 한다. 그래서 외식 컨설팅을 하는 나의 솔직한 의견은 이렇다.

"망하기 쉽습니다. 요즘은 그 어느 때보다 문을 열었다가 폐점할 가능성이 매우 높아요."

장사하려는 분은 시장의 냉혹한 현실을 잘 인식해야 하며, 창업 전에 철저한 분석을 해야 한다. 식당 문을 열기 전에 준비하고, 또 공부해야 할 사항이 너무나 많다. 그런데도 대다수 창업자들은 성급하게 식당을 오픈하는 경향이 있다. 이런 분들을 수없이 많이 지켜봐 왔다. 이분들은 과연 뭘 믿고 이렇게 급하게 식당 문을 여는 것인지 의아해한 적이 한두 번이 아니다. 역시나 얼마 시간이 지나지 않아 이분들은 거의 다 폐점의 수순을 밟는 경우가 허다하다.

성급하게 창업했다가 망하는 사장님들의 특징이 있다. 이분들은 주로 메뉴 하나에 꽂히고 또 그 메뉴의 프랜차이즈 브랜드에 꽂힌다. 이 메뉴 하나면 또는 지금 유행하는 브랜드로 가맹점을 창업하면 큰돈을 벌 수 있다고 완전히 꽂혀버리는 것이 특징이다.

"특별 비법으로 숙성한 이 삼겹살이면 장사해서 성공할 수 있어."

"유명 브랜드의 순댓국이니까 틀림없이 장사는 잘 될 거야."

"30년 전통 족발집에서 전수받은 비법으로 족발집을 하는 거니까 잘 될 거야."

현실은 그리 녹록치 않다. 이분들은 냉정하고 험난한 외식시장에서 엄청 치이고 받히다가 폐점을 심각하게 고민하는 상황을 맞닥뜨리게 된다. 이분들은 오로지 한 가지 메뉴에 꽂히면서, 합리적 사고가 줄어들고 말았다. 이분들은 심리학의 용어로 '확증편향(confirmation bias)'에 사로잡힌 것이다. 이 의미는 이렇다. '자신의 가치관이나 기존의 신념 혹은 판단 따위와 부합하는 정보에만 주목하고 그 외의 정보는 무시하는 사고방식과 태도' 쉽게 말해 아전인수처럼 자기에게 유리하게 해석하고 사고하는 것과 같다. 외식 창업자가 이 확증편향에 빠지면, 나는 결코 실패하지 않고 성공할 것이라는 지나친 자기 확신에 빠지게 된다. 이것은 매우 위험한 태도가 아닐 수 없다.

치킨집을 하겠다는 한 50대 퇴직자를 만난 적이 있었다. 유명 프랜차이즈 치킨 본사의 교육팀장으로 근무한 경력이 있는 나는 특히 치킨집에 대해서 많이 알고 있다. 현재 치킨집이 4만여 개가 있는데 그 가운데 50퍼센트를 차지하는 프랜차이즈 매장정도가 그나마 먹고살 만하다. 요즘 배달 수수료가 많이 올라 사실 이것도 높은 수치이다. 이런 현실도 모르고 그 50대 퇴직자는 특별한 소스로 본인이 만들었다는 치킨에 완전히 꽂혀버렸다. 그 메뉴만 내놓으면 대박이 날 것이라고 호언장담을 했다.

그 50대 퇴직자는 매장의 입지 분석, 매장관리, 판매 전략, 홍보 마케팅 전략, 원가 낮추는 대책이 완전히 전무했다. 그러고서도 무식하면 용감하다고 그는 어느 대학가에 치킨집을 열었다. 그 결과는 완전한 패배였다. 그는 본인이 개발했다는 소스에만 꽂혀버려서 다른 것들이 눈에 들어오지 않은 나머지 사고가 크게 좁아지고 말았다. 오직 자기가 아는 것만이 전부인 걸로 완전 착각하고 말았다. 외식업은 뮤지컬이나 영화 같은 종합 예술이다. 배우와 음악, 스토리, 홍보, 마케팅 등이 잘 어우러져야 성공할 수 있다. 단지 주연 배우가 천만 배우라 해서 늘 천만 관객이 드는 것은 절대 아닌 것처럼 말이다.

맨손으로 절벽을 올라가려는 초보 등반가가 있다고 하자. 그 사람은 스스로 결코 추락하지 않고 절벽을 정복할 수 있다고 확증편향에 빠져 있다고 하자. 이 초보 등반가를 바라보는 사람들의 마음은 어떨까? 가슴이 타들어 갈 것이다. 제발 그 위험천만한 행동을 하지 말라고 말릴 것이다. 용기와 무모함을 구별할 줄 아는 냉철한 분석이 필요하다.

외식 컨설턴트로서 나는 메뉴 하나에 꽂혀서 혹은 프랜차이즈 브랜드 하나에 꽂혀서 쉽게 창업하려는 분들을 바라볼 때 마음이 초조하다. 그들을 뜯어말리고 싶다. 식당 창업하려는 분은 현재 자신이 확증편향에 사로잡힌 게 아닌지 철저한 자기 점검과 자기 객관화가 필요하다.

# 06

# 장사는 '이지 컴 이지 고(Easy come Easy go)'

네이버에서 '외식 창업'을 검색하면 수많은 외식 컨설팅 회사가 나온다. 이 가운데 눈에 띄는 키워드는 소자본 외식 창업이다. 현실적으로 창업하려는 분들에게는 자금 1억 원도 버거운 경우가 많아서 적은 종잣돈으로 할 수 있는 장사를 부지런히 알아본다. 그러곤 가지고 있는 자본금에 맞는 업종을 선택하여 장사를 시작한다.

과연, 이들의 미래는 어떨까? 냉혹한 창업시장이 소자본 창업자들에게 희망을 보여줄까? 결론부터 말하면 '아니올시다.'이다. '이지 컴 이지 고(Easy come Easy go)'라고 했는데 이는 곧, '쉽게 얻은 것은 쉽게 잃게 된다.'는 말이다. 적은 자본금으로 쉽게 가능한 장사는 쉽사리 망하기 쉽다.

특히, 상권의 경우 '이지 컴 이지 고(Easy come Easy go)'이다. 한 지인이 역삼동에서 저렴한 권리금으로 점포를 계약한 후 고깃집을 오픈하기로 했다. 역삼역 주변의 A급 상권의 30평 점포 권리금이 보통 2억 원 이상인데 반해 그 점포는 B급 상권의 40평이며 권리금이 9천만 원이었다. 그는 역삼역 근처의 점포를 9천만 원의 권리금으로 계약을 한 후 나를 찾아왔다.

"자본금이 많지 않던 터에 권리금 싼 곳을 잘 찾았습니다. 앞으로 그곳에서 열심히 일해서 인생 2막을 열어볼까 합니다."

어떻게 된 일인지를 다 듣고 상권 지도를 보고나서 나는 덜컥 겁이 났다. 부동산 업자의 달콤한 속삭임에 넘어가 버린 듯했다. 부동산 업자들이야 본인 매물을 팔아야 하다 보니, 장사가 안 되는 곳도 그럴싸하게 장사가 되는 것처럼 포장할 것이 뻔했나. 단도직입적으로 말했다.

"권리 계약하기 전에 나와 상의를 했다면 계약하지 말라고 했을 것입니다. 지금이라도 그 점포 포기하는 게 나아요. 더 큰 손실을 막으려면 말입니다."

자본이 부족한 상황인데 그래도 역삼역 근처에서 장사하려면 대출을 받아서라도 A급 상권으로 가야 한다. 아니면 다른 상권을 알아봐야 한다. 그렇지 않으면 백전백패라고 봐야 한다. 권리금이 싼 맛에 안 좋은 곳으로 가면 나중에 금방 3~4억이 깨진다. 내가 심각하게 조언을 해 준 후, 지인의 그 점포 계약을 포기시켰다. 지인은 중도 해지하는 것이었으므로 기존 점포주에게 사정해서 계약금 중 일부 500만 원을 돌려

받는 것으로 만족해야 했다. 잘못된 선택으로 권리 계약 1,000만 원을 했더라도 큰돈이기는 하지만 이런 걸 포기할 줄 아는 용기도 필요하다. 1,000만 원 때문에 창업비용 3억을 들이고 망하는 것보다는 공부한 셈 치고 1,000만 원만 날리는 것이 현명하다. 물론, 이런 점포 계약을 하기 전에 상권분석을 철저히 해야 한다. 권리금이 높은 이유는 한두 가지가 아니다. 권리금이 높은 곳은 대부분 그만한 가치가 있는 자리들이 많다. 상권은 많다. 좋은 입지를 얻으려면 더 많은 발품을 팔아야한다.

상당수 창업하는 분들은 A급 상권과 입지가 아니더라도 그 근처에서 장사를 하면서 '맛있으면 고객이 찾아오겠지'라고 생각한다. 물론 정말 맛있다면 그리고 독보적이라면 그럴 수도 있다. 하지만 대다수는 착각하는 것이다. 그러면서 많은 권리금 비용을 세이브하고 또 매달 나가는 월세의 상당 부분을 세이브한 것을 잘했다고 생각한다. 같은 상권 안에서도 A급 입지의 30평 월세가 1천만 원인데 B급 입지의 40평 월세가 600만 원일 경우, 숫자상으로야 B급 자리의 사장님은 매달 400만 원이 세이브가 되는 것이다. 하지만 얼마 지나지 않아 왜 월세가 싼지를 혹독하게 깨닫게 된다. 그 이유가 다 있다.

발품을 많이 팔면 권리금이 싼 가게를 찾을 수는 있지만 권리금이 높게 형성돼 있는 이유가 있다는 것을 알아야 한다. 장사가 잘되니까 권리금이 비싼 것이다. 그래서 전문적으로 외식 컨설팅을 하는 사람은 상권을 볼 때 가장 비싼 권리금이 형성되어 있는 자리 먼저 알아보고,

그 주변에서 입지를 찾는다. 바로 여기에서 장사의 성패가 갈리기 때문이다. 하지만 현실적으로 창업하려는 분들이 충분한 자본금을 갖고 있는 경우가 많지 않다. 그래서 본인 창업비용에 맞춰 쉽사리 B급 입지의 매장에 창업을 하게 되고 결과는 폐업으로 연결되는 것이다.

아이템도 '이지 컴 이지 고(Easy come Easy go)'이다. '이지 투 쿡 이지 투 카피((Easy to cook Easy to copy) 즉 쉽게 조리하는 것은 쉽게 따라 하므로 쉽게 조리하는 것은 되도록 안 하는 게 좋다. 요즘 '한 칸짜리'라고 하는 10~12평 매장을 많이들 하고 있는데 부침이 엄청 심하다. 카스테라 집에서 아이스크림 가게로 갔다가 그다음 밀키트 전문점으로 가서 탕후루 매장으로 이동이 되었다. 근래에는 요거트나 디저트 가게가 유행하고 있다. 요거트나 디저트도 사실 오래 가는 아이템이라고 보기는 어렵다. 나는 쉽게 조리하는 것은 쉽게 따라 할 수 있기 때문에 되도록 안 하는 게 좋다고 본다.

쉽게 들어오면 쉽게 나가는 법이므로 쉽게 돈 버는 방법은 사실 없다. 쉽게 돈 버는 방법이 있으면 전부 그 아이템만 하고 있지 않겠는가? 그래서 아이템 선별할 때 사장님이 직접 어떤 노하우나 기술을 배우는 게 좋다. 동네 치킨집을 하더라도 차별화된 나만의 레시피로 최소한의 조리법을 익혀 둬야 한다.

만약, 삼겹살집을 하려는 사장님이 있다면 기본적으로 익혀둬야 할 것이 있다. 어떤 고기가 좋은지 선별할 수 있어야 하고, 또 고기를 얼마

간 숙성하면 더 맛있어지는지, 어떤 반찬이랑 페어링하면 더 좋은지, 그다음에 후식 메뉴는 냉면이 좋은지 밀면이나 쫄면이 좋은지, 된장찌개나 김치찌개는 어떻게 맛있게 조리하는지 이 정도는 기본적으로 공부를 해둬야 한다. 정말 최소한이다. 그래야 누구든 쉽게 따라 할 수 없는 고깃집 장사를 제대로 하는 것이다. 그냥 무작정 대고 대충하면 필패다.

일부 프랜차이즈 본사에서는 라면 끓일 줄만 알면 우리 브랜드로 성공한다고 속삭이는 경우가 있다. 열심히 일하지 않아도 쉽게 돈을 벌 수 있다는 말로, 본사에서 다 해주기 때문에 별 기술이 필요 없다는 것이다. 이런 곳은 절대 조심해야 하며 이런 브랜드는 되도록 하지 말아야 한다. '쉽게 조리하고 쉽게 따라 할 수 있는 것'은 안 하는 것이 좋다. 누구나 따라 하기 쉬운 것은 레드오션으로 바로 진입하고 미투 브랜드의 출현이 그만큼 많아 망하기 쉽기 때문이다.

소자본으로 창업해서 돈을 벌 수 있다고 유혹하는 외식 컨설팅 회사나 프랜차이즈 본사들이 적지 않다. 5천만 원만 있으면 장사를 해서 웬만한 월급쟁이만큼 벌 수 있다고 속삭인다. 앞서 말씀드렸듯이, 적은 자금으로 안 좋은 입지에서 시작한 장사는 시작 단계에서부터 실패의 길로 들어섰다고 보면 된다. 그러면 반대로 5억 원으로 좋은 상권에서 장사를 시작하면 다 성공하는 것이냐 하면 그렇지도 않다. 성공하기 쉬운 조건에서 시작하는 것은 분명한 사실이지만, 사장님의 메뉴에 대한 준비, 사장님의 마인드 등 다른 요소들이 잘 받쳐주어야 성공 확률이 높다. 장사는 본질적으로 '이지 컴 이지 고(Easy come Easy go)'이다

## 단지FnB를 말한다 1

### 성공적인 F&B 창업을 위한 협업의 조력자

7년 전, 천이오겹살에 냉동 삼겹살 메뉴를 시작하면서 김정덕 대표님과의 인연이 시작됐다. 당시 냉삼 메뉴를 추가하면서 육가공 업체 선정과 더불어 그에 어울리는 반찬을 찾는 과정에서 어리굴젓을 발견했고, 냉삼과 어리굴젓의 조합은 고객들로부터 폭발적인 반응을 얻으며 브랜드 리뉴얼을 성공으로 이끌었다.

오랜 기간 어리굴젓, 김치, 된장, 쌈장 등 많은 반찬을 상용하고 있으며 특히, 최근 태안바지락해장국을 오픈하면서 다시 한번 김 대표님께 조언을 구했다. 김 대표님의 전문적인 노하우를 바탕으로 반찬 구성에 변화를 주었다. 기존의 깍두기 대신 일인 반상 상차림에 어울리는 섞박지를, 일반 젓갈 대신 고급 낙지젓갈을 선택했다. 또한 매운 해장국과 어울리는 알타리 장아찌를 추가해 반찬의 완성도를 높였다. 이 반찬 구성은 고객들에게 매우 좋은 반응을 얻으며 매장의 매출 상승이나 인건비 절약에 큰 기여를 하고 있다.

정덕 형님은 반찬 전문가로서, 식재료 선택부터 조합에 이르기까지 세세한 조언을 아끼지 않았다. 그의 도움 덕분에 반찬 준비와 세팅 과정이 훨씬 수월해졌고, 오픈 초기의 큰 부담도 덜 수 있었다.

나의 사례는 F&B 창업 과정에서 협업의 중요성을 보여주는 좋은 예다. 창업자는 자신의 강점을 살리고, 부족한 부분은 전문가와 협력해 보완하면 초기 단계부터 높은 완성도를 가진 메뉴와 서비스를 제공할 수 있다. F&B 시장에서의 성공은 이러한 협력과 조화를 통해 만들어지는 것이다. 8년 전 냉동삼겹살을 같이 런칭해 준 김정덕 대표님과 긴 인연을 이어가게 된 이유는 정말 단순하다. 식당 반찬 고민 몇 가지를 늘 해결해주는 큰 조력자이기 때문이다.

**태안바지락해장국 대표** 천이석

'태안바지락해장국'은 프리미엄 젓갈의 낙지젓과 국내산 섞박지를 반찬으로 사용한다.

# 2. 불패 음식 장사의 기본 7가지

# 01

# 대학 입시처럼 완벽히 준비해야 할 3가지

외식업계에 소위 '신수'라고 불리는 친구들이 있다. 매장을 오픈하자마자 월 매출 억대를 손쉽게 올리고 나서 직영점을 연달아 몇 개씩 오픈하는 친구들이 있다. 이들은 그야말로 외식업계에서 난다 긴다 하는 사장님들인데 모두가 부러워할 만큼 크게 성공했다. TV는 물론 신문, 유명 유튜브 채널에도 소개될 정도로 유명세를 치루고 있다.

요즘, 이 사장님들을 만나보면 예전과 다르게 분위기가 심상치 않음을 감지하게 된다. 표정부터 그다지 밝지 않고 전과 달리 자신감이 많이 떨어져 보였다.

"많이 힘드네요. 몇 년 동안 식당이 크게 성장해왔는데 요즘은 매출이 급격히 떨어지고 있습니다. 모든 대책을 강구해 봤지만 별 효과가 없어서 고민입니다. 이대로 가다가는 문을 닫게 될지 모르겠네요."

원인을 생각해봤다. 경쟁자들이 많이 생긴 것도 있고 아이템의 고갈도 있다. 그다음에 과거에는 직원 뽑는 게 너무 쉬웠는데 지금은 직원 구하기도 힘들며, 또 원자재 등 식당 운영에 필요한 대부분의 부대 비용이 크게 올라간 것도 있다. 이것은 누구나 예상할 수 있는 현 외식업 시장의 어려움이다. 그런데 난다긴다하는 선수도 도저히 버텨내지 못할 정도다 보니 외식업계가 처한 난관이 얼마나 심각한지 체감할 수 있다.

요즘의 상황은 더더욱 안 좋아지고 있으니 큰일이 아닐 수 없다. 외식업계 선수들도 힘들어하는데 그러면 일반인들은 어떨까? 일반인들은 문을 열자마자 그냥 나가떨어진다고 보면 된다. 그런데도 일반인에 속하는 사장님들은 창업 시장의 심각성을 잘 모르는 듯하다. 많은 사장님들을 만나보면, 각오가 남다르게 보이지 않는다. 사실, 내가 만나본 성공한 외식업계 선수들은 장사를 임하는 각오가 매우 결연했다. 뭐랄까? 죽기 살기로 달려들어서 꼭 해내고야 말겠다는 강한 의지가 엿보였다. 어느 누구도 대충 장사하려고 하지 않았는데, 외식업계 고수들은 마치 대학 입시를 준비하는 수험생과 같았다. 오랜 시간 만반의 준비를 하는 것과 함께 각오가 매우 강했다.

장사하는 사장님은 절실함을 넘어서 '비장한 각오'를 가져야 한다. 대부분 장사 시작하는 분들은 돈을 벌어야 하는 절실함이 있는데 이것을 넘어 '비장함'을 가져야 한다. 비장한 각오는 진짜 준비를 완전히 탄탄하게 해서 죽을 수도 있는 전쟁에 임하는 장수의 마음이다. 외식업 사장님 중에 이런 분이 생각보다 별로 없다. 난생처음 음식 장사를 시작하려는 분들은 자칫 망할 수 있다는 것을 염두에 두고 비장한 각오로 완벽히 준비를 해야 한다. 이런 각오를 하는 사장님은 그렇지 않은 사장님과 장사를 대하는 태도가 천지차이다. 어떤 일을 하든지 태도가 전부다.

선수급이 아닌 일반 사장님들은 괜히 아마추어급으로 분류되는 게 아니다. 이분들은 각오가 약하기도 하고 장사 준비가 완벽하지 못한 것이다. 식당을 하려면 최소한 3가지가 제대로 준비가 되어야 한다. 이 세 가지는 어느 것 하나 소홀히 할 수 없다.

1. 마음의 준비: 실패와 난관을 극복하여 성공하겠다는 비장한 각오
2. 기술의 준비: 아이템을 잘 만들어 손님에게 제공하는 음식 오퍼레이팅 테크닉
3. 경제적 준비: 식당 운영에 필요한 여유 자금

내 나이 또래는 학력고사 세대다. 그래서 장사를 잘 준비하지 않은 내 나이 또래 창업 희망자가 찾아오면 말한다.

"학력고사 준비를 몇 년 했어요? 보통 고등학교 3년이라고 하죠. 길

게 보면 초등학교 때부터 해서 십 년이 더 되는데 그만큼 인생의 중대사인 입시를 전력 다해 준비를 하는 것이죠. 아무리 일찍 시작해서 더 많은 시간을 투자해도 부족하지 않는 것이 입시입니다. 그런데 지금 사장님이 하려는 장사는 입시만큼 중요하지 않을까요? 아니, 어떻게 보면 지금 시작하는 장사는 입시보다 훨씬 더 중요한 일입니다."

그러고 나서 대체 장사 준비에 어느 정도 시간을 투자했냐고 묻는다. 그러면 다들 몇 개월 준비했다고 말하는 것과 함께 아차 하는 표정이 역력하다.

"지금 하는 장사가 학력고사보다 더 중요한 데도 고작 몇 개월만 준비한 것 같네요. 전 재산이 걸렸고, 내 인생이 달렸고, 성패에 따라 우리 가족의 운명이 결정되는 것인데 너무 안이하게 생각했어요. 준비가 덜 돼도 너무 덜된 것 같습니다."

막상 준비가 잘되면 큰 걱정거리가 없다. 손님이 오지않는다고 걱정하는 사장님들은 준비가 잘되지 않아서다. 너무 준비 없이 장사를 시작하고 후회막심인 분들이 많다. 외식업계 선수들은 만반의 준비를 해서 문을 열기 때문에 손님이 올까 안 올까 초조해하지 않는다. 선수들은 다만 준비가 소홀한지 안 한지를 걱정한다. 이와 달리 준비가 안 된 사장님은 내 매장의 장사 준비 걱정은 전혀 하지 않고 손님이 올지 안 올지에 대한 걱정만 한다.

거듭해서 말하지만 완벽한 준비를 하지 못한 채 창업을 한다는 것이 가장 큰 문제다. 마음의 준비, 기술의 준비, 경제적 준비 세 가지를 완벽히 준비 해야만 한다. 그러고서도 준비를 잘한 다른 식당과 치열하게 경쟁을 해야 한다. 그래서 그 준비라는 것은 어느 정도까지 해야 한다는 한도가 없다. 아무리 많이 해도 결코 부족하지 않다.

예전에 개인 창업을 몇 군데 시켜준 적이 있다. 소자본으로 치킨집, 피자집 창업을 도와 드렸는데 장사가 잘되었다. 이게 소문이 나자 내게 컨설팅을 받으러 몇몇 분들께서 찾아왔다. 시간이 어느 정도 흐르자 창업을 도운 사장님들이 망하게 되었다면서 울상을 지었다. 그러면서 살려달라고 애원을 했다. 문제는 다른 게 아니라 돈이 없어서였다. 자금의 문제였다.

내가 창업 컨설팅을 할 때 사장님에게 마음의 각오를 하도록 했고, 또 충분한 아이템의 기술을 전수해드렸다. 그런데 자금의 문제는 내가 도와줄 방법이 없었다. 워낙 소자본으로 창업을 했기에 나중에 자금이 부족해서 문제가 생기는 것은 어찌할 도리가 없었다.

결국, 사장님들은 돈이 부족해서 망하게 된 것이다. 이는 사실상 회생 불가능에 가깝다. 창업 후 일정 시기가 지나서 매출이 저조하게 되면 필수적으로 자본을 투입하여 리뉴얼을 해줘야 한다. 이것은 모든 업종의 공통 사항이다. 매장 인테리어를 바꿔준다거나, 외부 업체의 힘을 빌려 광고 마케팅을 한다거나 해서 추가적인 자금이 필요한데 자금을 타이트하게 오픈한 사장님들에게 여윳돈이 없었다. 솔직히 자금까지 내가 어찌 해줄 수는 없었다. 사실상 자본주의 사회에서 돈을 들이지 않고 경쟁에서 살아남아 장사를 잘되게 하는 방법은 없었다.

창업 후에 망하게 된 사장님들은 그동안 준비한다고 했던 것들이 턱없이 부족했다고 뒤늦게 깨닫는다. 시작하기 전에 마음의 각오를 다지고, 또 많은 시간 투자하여 공부하고 지식을 쌓아서 차별화된 나만의 레시피 등을 습득해야 하며, 충분한 식당 운영 자금을 마련해둬야 한다. 나중에서야 지푸라기라도 잡는 심정으로 외식 컨설팅을 받거나 장사 노하우 강의를 듣지만 그렇게 해서 성공하기가 쉽지 않다. 일부 사장님들은 그런 부족한 준비를 극복하고 성공한 분들도 계시지만 현실적으로 정말 어렵고 힘든 일이다.

# 02

# 수시로 매장과 나를 객관화하라

예전에 고깃집은 집중근무 6시간만 하면 먹고 살만했다. 4시간 운영만으로도 충분한 시절이 있었다. 그 시절 고깃집 사장님들은 어느 정도 마음으로나 시간으로나 여유가 있었다. 고깃집은 소위 '1차' 회식문화에 속하는 식당이므로 준비 마감 시간 등을 제외하고 저녁 6시에서 10시, 혹은 5시에서 9시 빡세게 운영하면 한 달 매출이 괜찮게 나오는 구조였다. 짧은 시간에 테이블 2~3회전 돌려버리는 것이 다반사였다.

요즘은 직장의 회식문화가 줄어드는 추세다 보니 손님도 일찍 끊기고 비용의 측면에서도 인건비, 임차료가 크게 올랐다. 식재료 값도 엄청나게 많이 올랐다. 상황이 이렇다 보니 고깃집을 4시간만 집중해서 운영한다 해도 만족할 만한 이익이 나올 수 없는 구조가 되고 말았다.

그래서 점심시간을 늘리거나 9시나 10시 이후에 영업을 하고 심지어 배달까지 영업 구조를 만들어야 하는 현실이다.

물론, 유명한 고깃집은 예전처럼 집중근무 4시간만 해도 매출이 좋은 경우가 있다. 이런 곳은 정말 0.1%에 해당하며 서울의 각 구당 몇 개가 안 된다. 그 나머지 대부분의 고깃집은 저녁 시간 장사만으로 운영하겠다는 생각은 위험천만한 일이다.

그렇다면 잘되는 식당 사장님은 어떻게 이 위기를 대처할까? 그 답은 3중 구조 매출이다. '홀 매출 + 포장 매출 + 배달 매출' 이 세 가지를 완벽하게 해내어야, 안정적으로 식당을 운영할 수 있다. 어느 하나라도 빠지면 매출이 원하는 만큼 충족이 되지 못한다. 당연히 홀에서는 기본적으로 매출을 올려야 하며, 여기에 손님들이 포장해 갈수 있는 상품을 만들어 테이크아웃 매출을 올려야 한다. 그다음 배달 플랫폼 등을 활용한 딜리버리 매출까지 고려해야만하다.

이제 고깃집 사장님은 멀티플레이어가 되어야 한다. 사실 이 3중 구조 매출은 고깃집뿐 아니라 대부분의 외식업종이 고민해 봐야 하는 것으로 여러 매출 방식을 능숙하게 잘해야만 최악의 환경 속에서 장사를 계속할 수 있다. 고깃집 사장님은 이세 홀, 포장, 배달 영업의 철인 3종 선수가 되어야 한다. 실제 이런 3중 구조 영업 방식을 잘 소결하는 사장님들은 코로나 시절에도 다른 식당과 비교해 어느 정도 견딜 수 있는 매출을 올리기도 했다.

처음 장사를 시작하는 분들 대다수는 철인3종 선수처럼 장사를 해야 한다는 것을 잘 모르는 경우가 많다. 정해진 시간에 매장 장사만 해도 된다는 식으로 안이한 생각을 하는 분들이 많은데 이 경우 오픈하고 나서 얼마 지나지 않아 참혹한 실패를 겪게 된다. 매장 영업도 전과 달리 절실하게 한 손님이라도 더 잡아끌 수 있게 노력해야 하며, 여기에 테이크아웃과 딜리버리에도 조금의 모자람이 없이 완벽하게 준비를 해야 한다. 대다수 식당 창업하는 사장님은 망할 수 있는 현실에서 성공하겠다는 비장한 각오가 없기에 그런 것을 전혀 준비하지 못하고 있다.

"딴 데 가서 월급 받는 것보다는 이게 낫지 싶어요."

고깃집 한 지 일 년여 된 C 사장님의 말이다. 이 사장님은 사실 적자를 보는 게 아니었나. 초기 몇 개월 동안 순수익 천만 원대를 기록했으나 현재는 매달 순수익 400만 원을 벌고 있었다. 상위 매출 20% 정도의 식당을 제외한 나머지 식당 사장님이 이와 처지가 비슷하다고 본다. 극소수만 월 순수익 천만 원대를 벌 뿐 그 나머지는 다 똑같이 현상 유지를 하고 있다. 사장님이 아무리 발버둥 쳐도 월 400만 원을 벗어나지 못하고 있다. 경제적으로 매우 힘든 상황이다.

그럼에도 C 사장님은 다른 곳에 가서 월급 받는 것보다는 이대로가 낫다며 자기 합리화를 하고 있는데 정말 큰 문제가 아닐 수 없다. 월 순이익 400만 원이 계속 이어지고 있다는 것은 그대로 계속 장사가 적자 없이 이어진다는 말이 아니다. 그것은 차츰 매출이 떨어질 것이라는 예고편에 불과하다. 그 사장님은 철인3종 선수처럼 일하거나 외식관련 공부를 하여 매장에 적용시키거나 신메뉴 개발을 하거나 혹은 동기부여 강의라도 받아야했다. 이를 통해 다시 예전의 매출로 회복할 수 있는 터닝포인트를 마련해야만 현재의 난관을 극복할 수 있었다. 그런데도 그 사장님은 폐업할 수 있는 심각한 현실을 모른 채 현상 유지하는 것이 좋다며 자기 합리화를 했다. 솔직히 본인의 현재 상황을 인정하고 싶지 않을 수도 있다. 그 사장님은 내일 손님이 오겠지 아니면 모레 손님이 오겠지 하면서 매너리즘에 완전히 빠져버렸다. 그 결과는 뻔하다. 쭉쭉 손님이 빠져나갈 것이다.

장사 시작할 때와 달리 식당 사장님들은 시간이 흐르면서 마음가짐이 헤이해지는 경우가 많다. 그러면서 자기 합리화와 매너리즘의 함정에 빠져버리게 된다. 그러면 힘든 상황에 처해 있는 사장님은 뼈저리게 현실 자각을 못하게 되어 종국에는 자포자기하게 된다. 장사 시작할 때의 마인드를 견지하기 위해서는 수시로 자신과 매장을 객관화하는 게 중요하다.

손님은 별로라고 하는데도 본인은 괜찮다고 생각하는 사장님들이 꽤 있다. 이런 사장님들의 전형적인 특징은 자기 객관화 부족이다. 이런 사장님들에게 밖에서 내 매장을 제 3자의 시선으로 봐보라고 말하고 싶다. 하루 종일 다람쥐 쳇바퀴 돌듯 매장 안에서 일만 하던 사장님이 수시로 밖에서 매장을 바라보면 그동안 발견하지 못했던 문제점들이 선명하게 보인다. 꺼진 간판불도 보이고, 출입문 통유리의 찌든 때 가득한 손자국도 보인다. 직원이 자꾸 머리를 긁고, 서빙하기 전에 코딱지를 파는 것도 보인다. 그리고 손님들이 정말 흥이 날 정도로 맛있게 먹는지 그렇지 않은지를 두 눈으로 똑똑히 볼 수 있다. 이를 통해 매장과 자신을 객관화할 수 있다.

수시로 내 자신과 내 식당을 객관화하는 것은 정말 중요하다. 이런 객관화를 통해, 부지불식중에 가랑비에 옷 젖어드는 것처럼 문제점들이 관행화되는 것을 미연에 차단할 수 있다. 또한 자기 합리화와 매너리즘을 차단할수 있다. 이때, 내 음식이 언제 어디서나 고객에게 제공될 수 있도록 3중 구조 매출을 해야한다는 것을 절감하게 된다.

# 03

# 창업자금에서 6개월 치 생활비를 빼라

"창업자금을 충분히 준비했다고 생각했는데 나중에 자금이 달려서 고생했습니다."

"장사하는 데 돈을 다 쓰다 보니 생계가 막막할 정도가 되고 말았어요."

일부 식당 사장님들의 하소연이다. 이분들은 일정한 창업 자금을 마련하여 장사를 시작했지만 6개월을 버티지 못했다. 어떻게 된 일일까? 통상적으로 식당 창업을 할 때 창업자금으로 준비하는 것이 초기 투자비용과 더불어 운영자금이다.

◆ 초기 투자 비용 ◆

권리금: 식당을 인수할 때 기존 사업자에게 지불하는 비용

임차료 및 보증금: 식당을 임차하는 비용

인테리어 및 시설비: 인테리어와 주방의 각종 설비, 가구와 기기 등을 구입하고 설치하는 비용

초도 물품비: 오픈을 위해 음식 재료를 구입하는 비용

인허가 및 법적 비용: 사업자등록, 위생허가, 소방검사 등 법적 절차에 대한 비용

기타: 소소하게 여기 저기 들어가는 비용

◆ 운영 자금 ◆

월세 및 공과금: 임대료 및 각종 공과금

인건비: 주방장, 홀 직원, 청소직원 등 급여에 대한 비용

마케팅 비용: 온라인 및 오프라인 홍보 마케팅 비용

원재료 비용: 식당 음식을 만드는데 사용되는 원가비용

세금: 종합소득세 및 기타의 세금

기타: 보험, 인터넷, 포스, 배달수수료, 포장용기 등의 비용

이것만 생각했다가는 큰코다친다. 보통 창업하는 분들은 1억 5천에

서 3억 정도의 여유 자금을 준비하는 편인데 실제로는 1억 미만의 자금으로 장사를 시작하는 분들도 상당히 많다. 업종이나 입지에 따라서는 한 칸짜리 소자본 창업이나 배달 전문점 창업에도 1억 이상이 투자되기도 한다. 여기서 많은 분들이 간과하는 것이 바로 가족의 생활비이다.

설령, 장사를 하지 않더라도 계속 비용으로 나가는 것이 생활비이다. 직장 퇴직 후 장사하는 분들의 경우 가정을 갖고 있기에 아이들 학원비가 빠질 수 없으며, 여기에 의식주 비용이 상당히 많이 들어간다. 여기에 아파트 대출금 갚아야 할 것이 있다. 예비 창업자들에게 월 생활비로 얼마가 필요하냐고 물으면 거의 다 최소 400만 원을 쓴다고 대답한다. 이 생활비의 6개월 치를 창업자금에서 뺀 것이 실질적인 창업자금이다.

누군가 창업자금 1억 5천만 원을 준비했을 때, 여기에 월 생활비 400 × 6의 금액을 뺀 것이 진짜 창업자금이라는 말이다. 1억 5천만 원 − 2,400만 원 곧 1억 2천 600만 원이 실질적인 창업자금인 셈이다. 이런 계산은 정말 최소한으로 잡은 것이다. 창업자금을 준비했다는 예비 창업자들에게 6개월 치 생활비를 따로 와이프에게 미리 드리고 생활비 걱정 없이 식당을 운영할 수 있습니까? 라고 물으면, 다들 고개를 푹 숙인다. 그것까지 미처 생각을 못한 것이다. 다들 장사를 처음 하면 한 달 후에 월급 받듯이 수익을 내어 집에 가져갈 수 있다고 생각하는데 오산이다. 세상에 이런 장사는 절대 없다.

창업 후에 매달 들어오는 돈이 고스란히 다 내 돈이 아니라는 점도 기억해둬야 한다. 수익이 괜찮게 나는 매장의 경우 각종 비용과 세금을 제하면 평균 수익률이 10~20퍼센트이다. 사실 20%는 정말 몇 되지 않는다. 매출에서 빠져나가는 세금이 만만치 않다. 부가세는 그저 고객들이 미리 결제한 세금을 모았다가 내가 대신 납부하는 개념이지만 부가세를 납부할 때면 내 통장에 들어온 돈이 출금되기 때문에 항상 아까운 느낌이 들지 않을 수 없다.

여기에다 종합소득세로 목돈이 한 번에 나가게 된다. 개인적으로 장사하는 분들에게 세금 통장을 따로 만들라고 한다. 가령 월 매출이 1억 원이면 이 월매출의 최소 5%는 떼서 별도의 세금 통장을 개설하라 조언한다. 그래야 매달 세금을 제외한 실제 순이익을 정확하지는 않지만 대략 맞출 수 있다. 그러니 매월 발생되는 매출액에서 각종 비용을 제외하고 거기에 5% 세금까지 별도로 제외하면 그만큼 매달 순이익은 쪼그라든다. 그만큼 이익이 적어진다.

창업하신 분들이 매장 문을 여는 데까지 수개월 걸리기도 하고, 또 오픈을 했더라도 적자가 나는 경우는 정말 많다. 그 결과로 수개월 동안 '월급'이 없기에 집에 생활비를 못 주는 상황이 되고 만다. 예비 창업자들은 미리 이것을 대비하고, 일정 기간 동안 내 가족이 걱정 없이 생활할 수 있는 최소한의 생활비는 반드시 빼둬야 한다. 그만큼 자금이 빠듯하다는 것을 인식해야 하는데 일부 사장님들은 엉뚱하게도 대출하면 된다고 쉽게 말하는 분도 계시다. 물론, 자기자본 100%와 여유자금까지 확보하면 좋겠지만 이는 최후의 수단인 것이다. 대출은 처음 장사하시는 분들에게는 권하고 싶지 않은 외줄타기 같은 방법이다.

대출하는 것은 마치 수학으로 따지면 2차 방정식을 모르고 미분 적분을 배우는 것과 똑같다. 장사를 할 때 지출과 수익에 대한 명확한 계산이 되지 않기 때문이다. 대출은 결국 빚이다. 따라서 대출을 할 경우 매달 월세를 더 내는 것으로 비용 지출 계산이 되어야 한다. 고로, 대출을 받아 쉽게 자금을 융통해서 창업하려는 것은 삼가시라 말씀드리고 싶다. 더더욱 수익 내기가 힘들기 때문이다. 이익은 매출에서 지출 비용을 뺀 것이라는 아주 단순한 명제를 잊지 말자.

# 04

# 온라인 광고비는 월세와 같다

"나는 메뉴에 자신이 있습니다. 메인 자리 말고 주택가 골목에 소자본으로 작은 식당을 할 건데 손님들이 많이 올 거라 봅니다. 광고는 나중에 천천히 할 거에요."

간혹 이런 분들을 접하게 된다. 만약 그가 외국 유명 요리학교 출신이거나 유명 쉐프의 수제자라면 괜찮다. 그렇지 못한 분들이 과연 광고를 하지 않아도 성공할 수 있을까? 그 가능성은 아주 희박하다.

예전에는 유명 음식점을 소개하는 TV 방송이 맛집의 기준을 정했었다. 주로 저녁 시간대에 방송되는 프로그램에 맛집이라 소개되면 금세 사람들에게 알려진다. 방송을 본 사람들의 뇌리에 맛집은 어디라고 각인이 되었다. 요즘은 갈수록 TV 매체의 영향력이 적어지고 있다.

누구나 갖고 있는 스마트폰 시대가 열렸기 때문에 요즘 맛집은 SNS에 소개되는 식당들이 대부분이다. 사람들이 네이버, 인스타그램, 유튜브 등에서 메뉴를 검색할 때 맛집으로 소개되어 나오는 식당이 곧 맛집이다. 이제는 SNS에 많이 노출되고 광고되는 식당이 줄서는 유명한 식당으로 인식될 확률이 높아졌다. 아무리 맛있는 음식을 내놓더라도 SNS에 노출이 되지 않으면 사실상 내 식당은 오픈을 하지 않은 것과 다름없다. 고객은 SNS에 소개되지 않은 식당의 존재를 눈으로 직접 확인하기 전까지는 전혀 알지 못한다. 그러니 식당은 상가를 임차해 인테리어를 하는 것처럼 온라인상의 각종 SNS 채널에도 내 매장을 잘 포장하여 알려야만 한다.

10년 전만 하더라도 파워블로그의 힘은 정말 막강했다. 지금은 블로그와 더불어 인스타그램, 틱톡, 유튜브, 페이스북 등이 생겨나면서 그 영향력이 분할되고 있다. 그래서 블로그 하나만 하는 것에 만족할 수 없어 다른 SNS 채널에도 필수적으로 마케팅을 해야 하는 시대가 되었다. 이제 장사하는 분들에게 SNS 광고는 선택 사항이 아니라 무조건 해야 하는 필수가 되었다. 장사를 하기 위해 매장 문을 열듯이, 온라인상에서 SNS 계정을 오픈하고 활동을 해야 한다. 개인적으로 나는 이런 일련의 온라인 광고 활동을 '시동을 걸어준다'고 표현을 하는데, 식당 사장님들은 본인 식당의 노출 포인트 키워드를 잡아 온라인 광고 시동을 걸어줘야 한다.

문제는 비용이다. 온라인 마케팅 회사에 식당 홍보를 대행 시키면 매달 고정비 지출이 발생한다. 안타깝지만 이런 온라인 광고의 효과는 한두 달 진행하는 것으로는 그 효과가 미비하다. 신규로 매장을 오픈할 때부터 장사를 접을 때까지 해야 하는 판촉 활동이 온라인 광고이므로 비용이 걱정이 아닐 수 없다. 만만치 않게 나가는 비용에 지레 겁먹는 분들이 있을 수 있다. 그런 사장님들에게 나는 강조하고 있다.

"월세를 내듯이 무조건 온라인 광고를 해야 합니다. 월세 대비 10~20%는 무조건 온라인 광고 비용으로 써줘야 합니다. 월세가 300만 원이면 10% 정도로는 안 돼요. 20%인 60만 원 이상을 써야 합니다. 그 비용이 적지 않죠? 그래서 장사 시작할 때부터 월세를 20% 더 낸다는 생각을 가지세요. 월세가 500만 원이면 월 100만 원을 과감히 온라인 광고에 써야 해요."

규모가 큰 식당일수록 온라인 광고를 안 하는 경우가 없다. 그런데 비용을 줄이려고 온라인 광고를 소홀히 하면 그만큼 소비자들에게 알려지지 못하게 된다. 식당이 작든 크든 상관없이 온라인 광고에 시동을 걸어야 하고 일단 시동을 걸면 껐다 켰다 하지 말고 일정한 수준의 매출이 수개월 이상을 유지할 때까지 계속 이어가야 한다. 여러 종류의 채널 별 온라인 광고가 있는데 광고 진행 시 단가가 중요한 게 아니라 채널별 효과가 더 중요하다. 채널별 효과를 분석하여 자신의 식당에 맞는 채널을 선택하여 집중적으로 광고를 해야 한다. 처음 식당을 하는 분들은 될 수 있으면 과감하게 여러 채널에 광고 시동을 걸어주는 것이 좋다.

SNS 광고는 전문적인 업체에서 진행하는 게 좋지만 그렇다고 사장님이 두 손 놓고 있으면 안 된다. 직접 만든 식당 계정의 페이스북, 인스타그램에 틈틈이 사장님이 사진과 글을 올리는 것이 효과 만점이다. 소비자는 사장님의 진솔한 이야기를 접할 수 있으니 더더욱 신뢰감을 가질 수 있고, 또 사장님과 댓글이나 메시지를 통해 소통을 할 수 있다. 이것이 긴 시간 많이 쌓이면 상당한 광고 효과를 낸다.

아무리 바쁘다고 해도 영업 종료 후 30분 정도는 SNS에 투자할 수 있다. 주메뉴와 새로 개발한 메뉴에 대한 글, 우리 매장만의 특징, 그리고 매장에서 일어난 일상적인 이야기를 편하게 글로 작성하고 사진을 첨부할 수 있다. 찾아보면 식당 사장님에게 자투리 시간이 많은데도 직접 이런 글을 쓰는 노력조차 하지 않는 것이 현실이다. 성공한 식당 사장님들 중에는 자신이 SNS에 올린 글이 크게 화제가 되고 맛집으로 유명세를 치른 경우도 많다.

오늘은

싱가포르에서 귀한 경제인들이

저희 반찬단지 본사를 방문해 주셨습니다.

싱가포르에서 외식 케이터링 관련 사업을 하시는

대표님들과 진지한 대화와 더불어

한식 관련, 반찬 관련

열띤 토론과 Q&A 시간을 가졌습니다.

분위기가 요즘 날씨만큼이나마 뜨거웠습니다.

귀한 시간을 내어주신

싱가포르에서 오신 모든 대표님들과

이번 만남을 주선해 주신

요즘 커피 사업을 시작하신 이** 대표님

그리고 늘 좋은 기회를 마련해주는

우리 천** 부 대표님

모두 감사합니다.

반찬단지는 이미 15개국 정도 오피셜하게

수출하고 있으며

곧 더 많은 나라에서 만나볼 수 있도록

최선을 다하겠습니다.

나는 요즘 여기저기 글로벌 행사 담당이 된 듯합니다.

불러주시면 되도록 가는 편입니다.

영어 좀 더 잘해야 한다.

#한식이곧미래다

이 글은 2024년 9월 초에 내가 페이스북에 올렸다. 지금은 뜸하지만 개인적으로 블로그에도 꾸준히 글을 올리고 있다. 이렇게 틈틈이 시간을 내어 그때그때 일들을 기록하고, 떠오르는 생각들을 글로 적어 놓고, 내가 하는 일에 대해 홍보 또한 자유롭게 올리고 있다. 이런 글이 십 년 이상 쌓였기에 지금은 엄청난 광고 효과를 내고 있다. 내 페이스북 글을 보고 나에게 사업적으로 미팅을 요청한 후 거래가 성사되는 일이 비일비재하다. 또한 내 글을 통해 외식업계에 나에 대한 인지도가 나날이 커지고 있고 잠재적인 고객인 식당 사장님들과 많이 친구 맺기가 되고 있다. 페이스북이 온라인상의 단지FnB 마케팅 팀장의 역할을 해주고 있는 셈이다.

내가 좋아하고 자주하는 말이 '일상의 지루한 반복을 견뎌낸 자만이 성공한다.'이다. 지루한 반복을 견디면 언젠가는 방송 〈생활의 달인〉

에 나온다고 역설하고 있다. 보통 식당은 점심식사 영업 이후 3~5시까지 브레이크타임이다. 이 브레이크 타임에 30분만 SNS에 투자하면 우리 식당의 매출을 올리는 광고를 할 수 있다. 그런데 이것을 안 하는 식당 사장님이 대부분이다. 이 사장님들은 일상의 지루한 반복을 견뎌낸 게 아니라 일상의 지루한 반복에 무너진 것이다. 자투리 시간을 내어 꾸준히 SNS를 하여 광고하는 사장님들은 일상의 지루한 반복을 견뎌낸 분이고 그래서 성공에 아주 가깝다고 본다. 인스타그램 등에 올라온 내 상권내의 맛집 정보 등을 통해 현재 내 상권의 고객 동선에 대해서도 알 수 있고, 동일 아이템을 운영하는 맛집 등을 서치하면 내가 부족한 부분에 대해 어느 정도 인지할 수 있다는 점도 놓치면 안 된다. 그러니 SNS를 통해 광고도 하고 시장분석도 하는 활동을 게을리 해서는 안 된다.

가끔, 일부 사장님이 우리 식당은 SNS에 올릴만한 콘텐츠가 성발 없다고 하는데 그렇지 않다. 가령 순댓국집 하는 사장님이라면, 브레이크타임에 쓸 글이 엄청 많다. 육수가 진하다, 고기가 맛있다, 고기 냄새가 안 난다, 고기가 푸짐하다, 순대가 맛있다, 김치를 직접 담근다, 깍두기가 맛있다 등의 키워드로 쓸 글이 100가지도 넘는다. 어떻게 써야 할지 정 모르겠다면 다른 유명한 순댓국집 SNS에 올라온 글을 참조하면 된다. 코로나 이후 온라인 고객 검색량이 엄청나게 늘었다. 여러 가지 이유가 있겠지만 외식의 횟수가 줄어들면서 실패하지 않는 식당을 찾는 노력을 많이 한다는 증거다. 그러니 갈수록 온라인 마케팅의 비중이 늘어날 수밖에 없다. 또 강조하지만 SNS의 글쓰기를 통해 내 매장을 알리는 노력을 소홀히 해서는 안 된다. 또한 글쓰기가 반복될수록 내 매장의 고객 어필 포인트는 무엇인지 깨닫게 되며 부족한 부분은 무엇인지 인지하는 계기로 만들 수 있다. 이 또한 자기 객관화를 위한 필수 조건이다.

SNS 마케팅은 이제 모든 식당의 기본이다. 월세를 내듯이 매달 비용을 써서 시동을 걸어야 한다. SNS 광고는 매달 식당의 월세를 내듯이, 매달 SNS에 월세를 낸다고 보면 된다. 이 비용은 일시적인 게 아니라 고정적으로 들어가는 것이다. 내 식당의 파사드(Facade, 외관)를 생각하고 아웃테리어와 인테리어를 생각하듯 내 식당이 온라인에서 비춰질 모습 또한 간과해서는 안 된다. 오프라인에서도, 온라인에서도 그 모습은 늘 최상을 유지해야 한다.

## 05

# 타협하면 실패, 차별화하면 성공

우리나라 어느 곳에 가나 식당이 많다. 특히 유동인구가 많은 상권에는 식당들이 밀집해 있다. 그렇다면 소비자 입장에서는 갈만한 식당이 많을까? 사실, 그렇지 못하다. 식당 선택을 고민하는 고객들에게 금방 떠오르는 식당이 생각보다 많지 않다. 그래서 늘 '오늘 뭐 먹지?'가 고민인 것이다. 식당들은 많지만 대부분 맛과 구성이 비슷비슷해서 소비자의 입맛을 확 사로잡는 식당이 부족하다. 식당 사장님들이 옆집과 비교해서 이 정도면 되겠지 하고 타협을 하기 때문에 생기는 문제다. 그 결과 수많은 식당 중에 막상 갈만한 식당으로 기억되는 차별화된 식당이 별로 없다.

매출이 떨어져서 나에게 찾아오는 사장님들이 "어떻게 해야 장사 성공할 수 있을까요?"라고 묻는다. 그런 사장님의 매장을 방문해서 몇 가지 장사가 안 되는 이유를 짚어드린다.

"옆집하고 다른 게 하나도 없는데 손님이 찾아오길 바라는 것은 무리가 아닐까요?"

매출 저조의 가장 큰 원인은 사장님이 초심을 잃고 현실과 타협을 했기 때문이다. 어느 순간 나태해진 사장님이 새로운 것을 전혀 시도하지 않게 되면서 매출은 수직 하강한다. 매출을 올리고 성공을 어떻게 해야 할지에 대한 답은 이미 나왔다. 잘 안될 때의 지금과 반대로 하는 것 곧 차별화다. 이것만이 다른 경쟁자를 제치고 성공의 왕관을 쓸 수 있는 방법이다.

미국산 양념 갈빗살 매장을 하는 사장님이 내게 찾아왔다. 매출이 점점 떨어져 힘들다며 해법을 제시해달라고 요청했다. 그 식당을 방문해서 음식 맛을 보고 홀 서비스 등을 체크해 봤다. 별 문제점이 없었지만 그렇다고 다른 식당과 확실한 차별화 포인트도 있지 않았다. 사실 양념육은 회식문화나 주류와도 어울리지만 후식이나 식사와 어울린다. 돼지갈비와 물냉면을 같이 먹는다거나 갓 지은 쌀밥 위에 양념 갈빗살을 올려 먹을 때가 많다. 실제로 이집 양념은 생각보다 맛있었다.

"양념갈비 하면 흰쌀밥 위에 착 올려서 먹는 장면을 생각하잖아요. 그게 너무 맛있죠. 그러면 사장님은 다른 식당하고 밥을 어떻게 차별화 하실래요?"

“좀 비싸지만 좋은 쌀로 공깃밥을 하면 되겠네요. 그러면 차별화가 되는 것인가요?”

“아직 멉니다. 그것 가지고서는 차별화라고 하기에는 이릅니다. 그것은 누구나 다 할 수 있잖아요? 사장님이 직접 고슬고슬한 쌀밥을 그때그때 손님에 퍼줄 수 있습니까? 이 정도는 해야 차별화를 했다고 말할 수 있습니다. 아니면 솥밥을 해보세요.”

좋은 쌀로 공깃밥을 제공하는 것은 근처 다른 식당에서도 할 수 있는 것이다. 차별화를 하려면 옆집 식당에서도 감히 흉내 내기 힘든 것을 해내야 한다. 그래야 고객이 그 양념갈비식당을 기억하고 식사 때마다 떠올리며 방문을 마음먹는다. 비용이 들어서 그건 곤란하다고 보통 말씀들을 하시지만 이미 잘되는 식당들은 쌀도 백진주미나 수향미를 사용하고 있다. 또한 솥밥으로 그때그때 갓 지은 밥을 제공해 준다. 이런 차별화를 진행할 수 없다면 그저 옆집과 똑같은 식당이 되는 것이다. 그러니 장사가 쉽지 않다. 요식업 진쟁터에 나가려면 이길 수 있는 무기를 갖추어야 하는데 그 무기가 바로 차별화다.

여기서 심각하게 생각해 볼 것이 있다. 바로 가격 인하로 차별화를 하는 것인데 나는 이것을 바람직하지 않다고 본다. 옆집에서 만 원하니까 우리 집은 구천구백 원에 판매하자며 단지 가격만 낮추는 것은 장기적으로 오래 가지 못하며 결국 수익구조가 악화된다. 박리다매로 가격을 파괴하는 장사는 지양해야 한다. 차별화는 원재료라든지 서비스라든지 맛이라든지 이런 것으로 해야 식당을 유지하고 고객에게 어필할 수 있다.

고객 입장에서 가격이 900원과 1,000원은 자리수의 변동으로 인해 차이가 크게 느껴지지만, 1,000원과 1,100원의 체감은 그보다 덜하다. 가격 100원대인 800원과 900원의 차이도 별로 느껴지지 않는데 그 이유는 다 천원 밑의 돈이기 때문이다. 이것이 소비자의 심리다.

같은 맥락에서 고객에게 만원 대 가격에 천 원을 더 받기는 쉽다. 고객의 심리에는 만원이나 만천 원이나 같은 만원 초반대이므로 큰 차이가 없게 느껴지기 때문이다. 그래서 나는 사장님들에게 더 받을 수 있으면 더 받으라고 조언하는 편이다. 그런데 가격 인상을 단행할 때 단위가 바뀌게 될 경우는 '하나 더 전략'이 필요하다.

월세, 원재료비, 인건비 등이 모두 올랐다. 그러면 과감히 가격 인상을 결정해야 한다. 절대 예전 가격을 고수하면서 출혈 영업을 할 이유가 없다. 그러면 인상된 가격을 이해해주고 먹는 고객도 있지만, 그렇지 못한 고객들도 있다. 사장님은 후자에게 인상된 가격을 납득할 수 있게 해줘야 한다.

인상된 가격을 고객에게 납득시키지 못하면 고객은 무척이나 불만족스러워하며, 다른 식당으로 발길을 돌릴 수 있다. 이는 비단 식당뿐만 아니라 다른 서비스업계에서도 마찬가지다. 쉽게 8,000원 짜리 국밥을 1,000원 인상하고 메뉴나 상차림을 그대로 갈 것인지 2,000원 인상하고 메뉴나 서비스나 상차림을 변화 시킬 것인지에 대한 고찰이 필요하다.

택시비가 과거와 비교해서 많이 올랐다. 내가 인천에 살다 보니 서울에서 저녁 미팅이 있을 때 종종 택시를 이용하는 일이 있다. 이때 물가상승으로 인해 택시비가 어느 정도 인상할 수밖에 없으리라 생각하면서도 택시 서비스가 달라진 게 있나 살펴본다. 담배 냄새가 나고, 택시기사가 반말을 섞어 말한다던지, 나는 관심도 없는 정치 이야기를 하시는 게 예전과 하나도 다르지 않았다. 물론, 모든 택시가 그렇다는 것은 절대 아니지만 많이 오른 택시비를 지불하는 고객으로서 나는 이런 택시를 탈 때면 돈이 아깝다는 생각이 들 때가 있다.

만약, 택시비를 인상하면서 택시기사님이 택시에 방향제를 놓는다거나 친절하게 인사하기를 했다면 어떨까? 그랬다면 나는 택시비 인상한 것에 대해 충분히 납득할 수 있을 것이다. 이와 더불어 서비스가 좋아진 택시를 더 자주 이용하게 될 것이다.

'찬 구성을 바꾸고, 반찬 하나를 추가하는 것과 함께 공깃밥 무한 리필 하기.'

이것이 가격 인상하는 순댓국집에서 펼쳐야 할 가장 기본적인 '하나 더 전략'이다. 그러면 2천 원이 올랐어도 고객은 식당에 갔더니 서비스가 좋아졌다면서 인상 가격을 어느 정도 납득하게 된다. 하나 더 제공했기 때문에 고객 입장에서는 가격 인상에 대한 부담이 덜하게 된다.

다른 업종의 식당에서도 마찬가지다. 다들 가격 인상하는데 자기만 가격을 인하해서 판매하는 방식은 자충수가 되기에 하지 말아야 한다. 대신에 가격 인상을 해야 할 경우 제대로 가격을 부르면서 하나 더 내 줘야만 고객은 가격 인상을 납득하고 만족스러워한다. 고급 재료를 사용하고 메뉴 하나를 더 주는 것을 포함해서 고급스러운 테이블과 편한 의자로 바꿔준다든지, 식기를 새롭게 바꾼다든지, 더 친절하게 인사하기 등 하나 더 해주는 것이 바람직하다.

갈수록 물가가 오르면서 식당은 가격을 인상해야 할 상황이 되었다. 이때 옆집이 가격을 올리니까 나도 올렸으니 괜찮겠지 하는 것은 타협이다. 그러면 다른 식당과 차별화 포인트가 전혀 없고 고객은 가격 인상에 대해 납득하지 못한다. 차별화를 해야만 한다. 막연히 가격만 올릴 게 아니라 '하나 더 주기'를 하면서 변화된 모습을 보여줌으로써 가격 인상을 고객이 충분히 납득할 수 있도록 해야 한다. 이것이야말로 성공의 지름길이다.

갓 지은 밥의 수고로움을 극복하면 차별화를 이뤄낼 수 있다. '뭉텅'의 특밥

# 06

# 과거에 유행한 아이템을 재활용하라

"요즘 뭐가 뜨고 있나요?"

"식당을 하고 싶은데 어떤 아이템이 좋겠습니까?"

식당을 하려는 분들이나 현재 식당 사업자들이 내게 자주 건네는 질문이다. 질문하는 분들의 심정을 모르는 게 아니지만 이런 질문을 하는 분들은 정말 외식업의 불확실성을 몰라도 너무 모르고 있다. 아이템 하나가 곧바로 장사의 성공을 보장하는 것이 절대 아니기 때문이다. 아이템만 잘 선정해서 성공한다면 누가 장사해서 과연 문을 닫겠는가? 다만, 아이템에 대한 끊임없는 연구는 무조건 선행되어야 한다.

솔직히 오랜 세월 외식업계에 종사해온 나로서도 그것을 알기 힘들다. 내가 용한 점쟁이가 아닌 이상 어느 아이템 하면 '대박이야'라고 말할 수 없는 노릇이다. 대부분 이렇게 확신 있게 콕 집어 아이템을 이야기 하는 사람들은 뭔가 이익 관계가 연결 되어 있을 확률이 높다. 그렇지만 음식 장사하는 사람이 첫 번째로 해야 할 것이 아이템 선정이므로, 신중하면서도 지혜롭게 아이템을 선택해야한다.

음식 장사를 처음 시작하는 분은 막연히 유행하는 아이템을 맹목적으로 따라 하는 것은 피해야한다. 금방 다들 따라 하기 때문에 경쟁이 치열하며 또한 유행의 종점의 날이 빨리 오게 된다. 그렇다고 새로운 메뉴를 해보려고 하지만 이미 나올 만한 것이 다 나왔기 때문에 뭘 해야 할지 몰라 여기 저기 기웃거리기만 하는 경향이 있다.

사장님들이 앞으로 주목해볼 만한 것이 바로 '아이템 리사이클링(recycling)' 곧 아이템 재활용이다. 과거 시간 여행으로 2000년 초반으로 돌아가면 당시 유행하던 아이템들이 있다. 젊은 분들의 입맛을 사로잡은 것으로 지금은 사라졌거나 거의 존재하지 않는 아이템들이 있다. 예를 들어보자. 내 기억으로 20여 년 전에는 솥뚜껑 삼겹살이 인기를 끌었다. 나와 비슷한 세대의 중장년층은 젊은 나이에 솥뚜껑에 삼겹살을 올려서 잘 익은 산도 좋은 김치와 함께 바삭하게 구워서 맛있게 먹었다. 이것이 사라졌는데, 최근에 다시 살아나고 있다.

'목구멍', '동두천솥뚜껑삼겹살' 등 여러 브랜드가 나오면서 젊은이의 입맛을 사로잡고 있다. 솥뚜껑 삼겹살을 처음 접한 젊은이들은 조리도구에 삼겹살을 구워 먹는 것을 신기해하는 한편 새로운 맛에 다들 엄지적하고 있다. 솥뚜껑 삼겹살의 성공 요인은 여러 가지가 있겠지만 40대의 입맛과 20대의 입맛의 교집합을 절묘하게 치고 들어갔기 때문이다. 40대는 기억 속 추억의 맛을 요구하고 있었는데 그 맛을 20대 또한 좋아하게 된 것이 바로 솥뚜껑 삼결살이다. 이것이 대표적인 아이템 리사이클 곧 아이템 재활용이다. 냉동삼겹살 아이템 역시 같은 맥락으로 이해하면 좋다.

아이템은 사실 유행처럼 돌고 도는 것이다. 10년 주기를 말하는 이도 있고 20년 주기를 말하는 이도 있다. 과거에 유행했지만 사라진 아이템을 지금 내놔서 성공할 수 있는 요건은 딱 하나다. 과거에 많이 먹었던 40~50대 아빠가 아이들과 한번 먹으러 갔는데, 아빠들도 맛있고 또 아이들도 너무 맛있으면 된다. 과거에 경험한 세대와 요즘의 젊은 세대 입맛의 교집합이 커질수록 그 아이템은 성공 가능성이 매우 높다. 그래서 장사를 준비하시는 분들 중 아이템 선정에 어려움을 겪을 때, 나는 조언을 한다.

"20년 전 사장님이 젊었을 때 유행했던 아이템을 떠올려보세요. 엄청나게 광고하던 그 아이템을 재활용해보라는 것입니다. 단, 기성세대와 젊은 세대 입맛을 둘 다 잡을 수 있는 아이템이 좋습니다."

예를 들어준다. 옛날에는 한 집 걸러서 한 집이 찜닭이던 시절이었지만 지금은 거의 다 사라졌는데 이것을 해볼 만하다고 권한다. 그리고 홍초불닭도 언급한다. 불닭에 계란찜하고 누룽지탕 먹고 소주 한잔 먹던 때가 있었다. 요즘 젊은이들은 불닭 볶음면만 알지 그것을 모르는데 이것을 재활용해보는 것도 좋다고 말한다. 등갈비도 재해석을 잘하면 좋은 아이템이 될 수 있다.

고깃집을 하는 지인 식당을 방문했다. 메뉴판에 떡하니 '돼지고기 로스구이'라는 친숙한 메뉴명이 보였다. 사장님이 맛을 보라면서 그 메뉴를 대접해주었는데 굉장히 맛있었다. '로스'는 영어 로스트(roast)에서 유래되었는데 '굽다'를 뜻한다. 과거에 동그랗게 돼지고기를 말아서 구워 먹는 로스구이를 상당히 많이 먹었다.

"아이템 리사이클을 잘하셨네요."

"새로운 메뉴를 고민하다가 옛날 생각이 나서 해봤습니다. 젊은 분들도 아주 좋아하더라구요."

힘들게 새로운 것을 개발하기보다 옛날 유행한 것을 현재에 잘 가져왔다고 생각했다.

내가 기획한 식당 중에 고등어구이를 대표 메뉴로 하는 '괭이부리마을'이 있다. 고등어 정식으로는 인천 청라에서 꽤 유명한 식당이다. 기성세대에게는 고등어에 대한 친숙함이 있다. 어릴 때 김치와 찜으로 먹기도 하고, 구이로도 정말 많이 먹었지만 점차 가정집에서 맛보기 힘들어졌다. 굽기 귀찮고 냄새나고 또 건강에 민감해지면서 미세먼지도 걱정하기 때문이다.

이런 점을 파고든 것이 괭이부리마을이다. 식당에서 편하고 맛있게 드실 수 있도록 아이템을 재활용한 것이다. 여기에다 고등어 메뉴 단가가 낮기에 솥밥과 여러 가지 반찬을 구성하여 단가를 높게 책정을 했다. 현재, 괭이부리마을은 테이블 22개로 2억 가까운 월 매출을 올리면서 잘되고 있다.

요즘 유행할 조짐이 보이는 게 있다. 추억의 돼지갈비다. 과거에는 많이 먹었는데 요즘 아이들이 많이 먹지 못하고 있다. 식당에서 먹는 돼지갈비는 기성세대는 추억으로 먹고, 아이들은 새로움으로 먹을 수 있는 아이템이 되었다. 한동안 돼지고기 시장은 양념육보다 생고기 삼겹살 시장이 대부분을 차지하고 있었다. 요즘은 돼지갈비 매장이 차츰 많이 생기고 있다. 최근 가장 성공을 거둔 돼지갈비집은 '명륜진사갈비'다. 이곳은 과거에 동네마다 하나씩 존재하던 돼지갈비와 냉면을 파는 큰 식당인 '가든(Garden)'이라는 공간과 돼지갈비라는 메뉴를 재활용한 듯하다. 지금은 대형 평수의 '가든'이라는 식당 명칭을 찾아보기 힘들다. 명륜진사갈비는 과거의 '가든'을 새롭게 해석하여 현대적으로 브랜딩했다. 여기에 더해 무한 리필을 추구함으로써 젊은 층에게도 큰 인기를 얻고 있다.

아이템 선정하기는 식당을 준비하는 분이라면 비켜 갈 수 없는 고민거리다. 40~50대 사장님은 자신이 20대였던 시절에서 아이템을 찾아보는 것이 좋다. 그 시절에 유행한 아이템이 사장님 세대인 손님과 젊은 층의 입맛과 교집합이 이루어진다면 성공 확률이 높다. 40대 이상에게는 추억(memory)을 선사하고 20대에게는 신선함(new)을 선사하여 양 세대 간의 교집합을 키우는 아이템이야말로 앞으로 우리가 진지하게 고민해 봐야 할 외식 아이템이 아닐까?

장년층에게는 추억(Memory)을, 청년층에게는 신선함(New)을 주는 전형적 리사이클 아이템(Recycle Item) 솥뚜껑 삼겹살

# 07

# 틈새시장을 공략해 블루오션을 개척하라

음식 장사를 하려는 분 상당수가 친구 따라 강남 간다고 너도나도 유행하는 아이템을 하려는 경향이 있다. 하지만 유행하는 아이템은 반짝하고 사라질 수 있다. 2024년 기준 소비자들에게 탕후루가 크게 인기를 끌면서 장사하려는 분들이 너도나도 탕후루 점포를 창업했지만 얼마 지나지 않아 매출 저조로 줄줄이 폐업을 하고 있다. 음식 장사는 하루 이틀 하고 말 것이 아니므로 평생을 길게 내다봐야 하는 업종이다. 최소한 3년 이상은 내다봐야 한다.

탕후루가 SNS에서 많은 인기를 끌면서 탕후루 점포가 크게 늘었지만 금세 매출이 저조해지는 것처럼, 아무리 잘나가는 아이템도 언젠가는 사라지게 된다. 아이템은 탄생, 성장과 하락, 소멸의 주기를 가지고 있기 때문이다. 어쩌면 지금 선택한 유행 아이템이 하락에 들어선 것일 수 있으므로 아이템 선정에 신중해야 한다.

창업을 준비하고 있다면 새로운 틈새시장을 공략한 아이템으로 기존에 없던 시장 곧 블루오션을 개척하는 것이 바람직하다. 나는 외식업계에서 오랫동안 일을 하면서 수많은 유명 아이템의 탄생과 소멸을 봐왔다. 한때 시장을 장악하던 아이템도 새로운 아이템의 등장으로 인해 소멸의 길을 걸어가는 것을 자주 목도해 왔다. 지금 유행하는 아이템보다는 틈새시장을 공략하는 아이템을 선택하는 것이 새로운 시장을 개척할 수 있다.

대한민국은 치킨 공화국이이다. 인구 5천여만 명의 작은 땅덩어리에 현재 4만여 개 이상의 치킨집이 있다. 내가 교촌치킨에 근무할 20년 전쯤의 인구가 대략 4천만이었고 그 당시에도 치킨전문점은 4만 개쯤이었다. 인구수를 치킨 매장 수로 나누면, 대략 1000의 수가 나오는데 이것이 말하는 것은 곧 대한민국 인구 1000명 중 한 명이 치킨집 사장님이라는 것이다. 보통 치킨 매장은 사모님과 함께 하는 일이 많으므로 1000을 둘로 나누면, 500이 되는데 결국 우리나라 사람 500명 중 한 명은 치킨점 사장님이거나 사모님이라는 말이다. 나는 교촌치킨 교육팀장으로 점주 교육을 할 때, 이런 치열한 전쟁터에 여러분들께서 들어오셨으니 일주일간의 교육을 정말 집중하고 이수해야 한다고 강조했었다.

현재 길거리에 나가서 중장년층의 사람을 우연히 마주쳤다고 하자.

그러면 천이백여명 중의 한 명은 치킨점 사장님이라고 보면 된다. 치킨 전문점 시장이 과포화 되었기에 치킨집을 하는 것은 제로섬(zero-sum) 게임과 같다. 한 치킨전문점이 수익이 나면 그 수치와 맞게 다른 치킨 매장은 손해가 나는 구조가 되었다.

이 치킨 시장에서 유명 치킨 브랜드의 부침이 많았다. 시장을 장악했던 한 브랜드가 있었지만 틈새시장을 공략한 아이템으로 무장한 새로운 브랜드가 나타나면서 블루오션이 만들어졌다, 시간이 지나면 이 블루오션 시장도 과포화가 되어 레드오션이 되는데 이때 또다시 새로운 아이템의 브랜드가 나타나서 블루오션을 개척한다. 이런 식으로 여러 개의 유명 치킨 브랜드가 생기고 사라지고를 반복해왔다. 시장 전체를 보면 치킨이란 아이템은 레드오션이 분명하지만 맛의 차별화 등을 통해 발전을 거듭해 지금은 K 푸드의 선봉장 역할을 하고 있다.

과거에 우리는 시장에서 솥단지에 튀겨 팔던 치킨 즉 통닭을 먹었다. 이후로 양념 반 후라이드 반 페리카나치킨이 등장하면서 우리나라 사람의 입맛을 사로잡았다. 이 치킨이 장악하던 시장을, BBQ가 튀김옷을 두껍게 한 치킨을 내세워 틈새시장을 공략하여 블루오션을 개척했다. 소비자들은 양념 반 후라이드 반 치킨과 BBQ 치킨을 먹었다. 시간이 흐르면서 이 시장은 블루오션이 되었고, 이 시장에 2000년 전후로 교촌치킨이 간장 마늘 치킨으로 도전장을 내놓아 인기를 끌었다. 일 년에 수백 개 점포가 생길 정도로 소비자의 입맛을 사로잡았다.

얼마 뒤 또다시 기존의 레드오션에 차별화된 아이템으로 틈새시장을 공략한 브랜드가 등장했다. 굽네치킨이다. 이 브랜드는 기름에 튀기지 않고 구워서 기름을 쏙 뺐다는 웰빙 콘셉트로 소비자의 입맛을 사로잡았다. 이 뒤로 BHC, 푸라닭치킨, 자담치킨 등이 새로운 아이템을 들고나와서 블루오션을 개척하고 있다. 국내 치킨점의 역사는 한마디로 수없이 많은 점포가 생기고 또 망하고를 반복하는 것이다. 나는 창업자에게 강조하고 있다.

"하나의 아이템이 시장을 장악하면 레드오션이 되고, 이것을 맛의 차별화를 통해 틈새시장을 공략하여 새로운 블루오션을 만든다는 것입니다. 시간이 흐르면서 이 블루오션이 레드오션이 되기에 또다시 블루오션이 개척이 되는 것이죠. 창업자는 유행하는 것을 좇아서 레드오션에 들어갈 것이냐? 아니면 새로운 아이템으로 블루오션을 개척할 것이냐? 하는 중요한 선택의 관문을 통과해야 합니다."

삼겹살집은 현재 레드오션이다. 큰 흐름을 보면, 냉동 삼겹살을 먹던 시절을 지나서 대패 삼겹살이 등장했다. 이 시기에 삼겹살 프랜차이즈화가 시작되었는데, 새로운 아이템으로 무장한 경쟁자가 출현했다. 와인이나 볏짚으로 숙성한 삼겹살이 등장했다. 진짜 좋은 고기는 숙성의 과정을 통해 그저 소금만 찍어 먹어도 감칠맛이 나야 하는데 이 시기에 삼겹살의 유통이나 숙성 방법 등이 현재와 비교해 그렇게 발전 되지 못했기에 우리가 요즘 즐기는 삼겹살 맛을 내기가 어려웠다. 또한 원산지 표기에서 자유로워 수입산이 많이 유통되던 시절이었다. 지금은 양돈 산업이 발전되고 매장의 숙성기술도 발전하면서 양질의 삼겹살을 맛볼 수 있게 되었다.

최근 10여 년 사이에는 '하남돼지집'이 초벌 삼겹살을 내세워 블루오션을 창출해오고 있다. 이곳은 테이블에서 직원이 고기를 잘라주고 구워주는 그릴링(Grilling) 서비스로 차별화를 했으며, 많은 소비자들로부터 큰 호응을 얻고 있다. 고기 맛을 결정하는 요소 중 중요한 것이 굽기인데 숙련된 직원이 고기를 굽기에 고기 맛이 좋을 수밖에 없다. 게다가 이곳은 국내산 한돈만을 취급하므로 더더욱 고기 맛이 좋다.

지금은 생고기를 잘 숙성하는 삼겹살집이 유행이다. 고기 본연의 맛을 잘 내기 위해서는 뭐니 뭐니해도 숙성이 첫 번째이다. 생고기를 숙성하면 단백질이 분해되어 아미노산 등의 분자들이 잘 생성되는데 그 과정을 거친 고기들은 감칠맛이 좋아 그냥 곁들임으로 소금이나 김치 장아찌 정도와 함께 먹으면 최고다. 삼겹살 전문점도 아이템의 탄생과 성장과 소멸의 주기를 반복해왔다. 이 과정에서 레드오션에 가려진 틈새시장에 원육, 곁들임, 후식, 숯의 차별화 등을 통해 도전하는 새로운 아이템이 등장하여 블루오션이 창출되어왔다.

족발집도 이미 과포화 시장이다. 그러니 족발 또한 기존 시장의 아이템으로는 먹고 살기 힘들다. 따라서 새로운 아이템으로 틈새시장을 공략하는 것이 중요하다. 나는 '족발신선생' 가맹 사업 초기부터 100호점 개설까지 약 2년간 자문 역할로 일을 했다. 이 브랜드가 성공할 수 있었던 요인은 차별화된 아이템으로 틈새시장을 공략한 것이다. 족발은 이미 과포화 시장인데 의아해 할 수 있겠지만, 족발신선생이 내놓은 족발은 한마디로 '겉바속촉(겉은 바삭하고 속은 촉촉)'으로 이를 위해 조리법, 소스 등 모든 것을 다 바꾸었다. 이를 통해 기존의 레드오션에서 틈새시장을 잡아내는 데 성공했고 화덕 족발이라는 블루오션을 개척해낸 것이다.

치킨, 삼겹살, 족발은 전 국민이 사랑하는 음식이다. 문제는 이 아이템의 창업 시장이 레드오션이라는 것이다. 따라서 이 아이템으로 장사를 시작하려는 분은 기존 것과 다르게 차별화하여 더 맛있게 만들 자신감이 있을 경우에만 매장을 오픈해야 한다. 유행하는 것과 비슷하게 만드는 것에 안주하는 것은 곧 제로섬 게임에 끼어드는 것과 같기 때문이다. 기존 시장에서 발견하지 못한 틈새시장을 찾고, 그 시장에 맞는 아이템을 내놓아서 블루오션을 개척하는 일을 게을리 하면 안 된다. 이와 더불어 아이템의 본질을 꿰뚫어 보는 시각과 최고의 맛을 내도록 연구하고 노력하는 자세를 잃지 말아야 한다.

아이템의 차별화와 더불어 상차림이나 플레이팅도 차별화가 되어야 한다. 김치, 파김치, 무김치를 함께 내놓은 족발집 김치 플레이팅

## 단지FnB를 말한다 2

### 밥상편지와 명란젓갈이 건네는 따뜻한 밥상의 정수

인천 송도에서 '한식'하면 떠오르는 이름이, 바로 '밥상편지'입니다. 밥상편지는 어머니가 자식을 생각하며 밥상을 차리고 그 위에 밥상보로 사랑을 담은 뒤, 작게나마 손편지로 "잘 챙겨 먹어"라는 마음을 전하는 따뜻한 브랜드입니다. 점점 핵가족화 되고 만남이 줄어드는 요즘 시대에 소중한 사람과 따뜻한 시간을 보낼 수 있는 공간을 제공하는, 가족외식 스타일의 감성 한식당으로 자리 잡았습니다.

2018년에 첫발을 내디딘 밥상편지는 7년이라는 시간 동안 꾸준히 성장하며 고객들에게 따뜻한 밥상의 가치를 전하고 있습니다. 밥상편지는 '밥 한 끼의 소중함'을 기본 철학으로 삼아, 단순히 음식을 제공하는 것을 넘어 손님들과의 교감을 중요시합니다. 이곳에서의 식사는 맛뿐만 아니라 정성과 따뜻함으로 기억됩니다.

밥상편지의 가장 주목받는 반찬 중 하나는 바로 명란젓갈입니다. 짭짤하고 깊은 풍미를 자랑하는 명란젓갈은 밥상편지의 밥상

위에서 빠질 수 없는 시그니처 메뉴로 자리 잡았습니다. 손님들은 명란젓갈을 한입 맛보고, 그 맛의 특별함을 기억하며 돌아가곤 합니다. 특히, 명란젓갈은 손님들에게 집밥 같은 정겨움을 선사하면서도 고급스러운 맛을 제공하는 점에서 큰 호평을 받고 있습니다.

흥미로운 점은 이 명란젓갈이 밥상편지의 반찬이 아니라, 지역의 뛰어난 식품 유통업체 단지에프앤비에서 공급받고 있다는 것입니다. 해당 업체는 고품질의 명란젓만을 유통하며, 밥상편지가 시작된 2018년부터 현재까지 7년간 신뢰 관계를 유지해오고 있습니다. 이 협력은 단순한 납품을 넘어, 지역 식문화와 외식업의 가치를 함께 높이는 데 기여하고 있습니다. 두 브랜드 밥상편지와 단지에프앤비는 서로의 철학과 가치를 공유하며, 명란젓갈을 통해 손님들에게 최고의 맛을 전달하기 위해 노력하고 있습니다.

밥상편지는 이러한 협력 관계를 바탕으로 고객들에게 더욱 신선하고 맛있는 반찬을 제공하는데, 그중에서도 명란젓갈을 통해 따뜻한 밥상의 정수를 전하고 있습니다. 이 외에도 밥상편지는 계절마다 변화하는 제철 식재료를 사용한 다양한 반찬과 메인 요리를 제공하며, 손님들이 항상 새로운 맛을 경험할 수 있도록 고민합니다. 또한, 음식 하나하나에 정성과 따뜻함을 담아내고 있습니다.

밥상편지와 명란젓갈 이야기는 단순한 브랜드와 음식의 이야기를 넘어, 외식업이 어떻게 지역사회와 협력하며 성장할 수 있는지를 보여주는 좋은 사례가 될 것입니다. 앞으로도 밥상편지는 단지에프앤비와 함께 따뜻한 밥상의 가치를 전파하며, 외식업의 새로운 기준을 만들어갈 행보를 계속할 것입니다.

**밥상편지 대표** 이영세, 이종준

# 3. 반찬으로 식당 성공시키기

# 01

# 어떻게 반찬 내주냐에 따라 매출이 다르다

"반찬을 어떻게 구성하느냐에 따라 식당 매출이 다르게 나옵니다. 반찬을 정성껏 만들어 다양하게 내줄수록 손님들 반응이 좋기에 당연히 식당 매출이 올라가요."

외식 컨설턴트이자 반찬 유통 회사 대표로서 한식당 종사자 및 예비 외식업자들에게 이렇게 강조하고 있다. 이런 내 말을 선뜻 납득하는 분들이 생각만큼 그리 많지 않다. 대부분 주메뉴 아이템을 맛있게 만들어내는 것을 장사 성공의 중요한 요건으로 보기 때문이다. 사실, 나도 외식업 경험이 많지만 이런 생각이 지배적이었다. 대다수 한식 기반의 식당 종사자나 식당 창업하려는 분은 삼겹살, 보쌈, 순댓국, 족발, 고등어구이 등을 어떻게 맛있게 내놓을까만을 생각한다. 이게 과연 맞을까?

영화를 예로 들어보자. 아무리 탁월한 인기 배우가 주연으로 나오는 영화라고 해서 그 배우만 120분 나온다면 지루하게 된다. 이때 조연 배우가 주연 배우를 받쳐주면 영화의 재미가 살아난다. 약방의 감초 역할을 조연 배우가 톡톡히 해낸다. 주연 배우가 인기가 최고이고 또 연기가 탁월하지만 그 주연 배우만 영화 내내 줄기차게 나오면 관객은 질려버리고 만다. 영화 '범죄도시' 시리즈의 주인공은 주연 마석도이지만 그의 액션 활극을 더 풍성하게 하고 또 재미를 증폭시켜주는 역할을 한 것은 조연 장이수이다. 이 조연처럼 맛있는 주메뉴를 더 맛있게 해주는 역할을 하는 것이 반찬이다. 따라서 주메뉴만 잘해서는 결코 식당 매출을 보장할 수 없다. 한식의 특징이 그렇다. 밥을 먹기 위한 수단이 반찬인데, 우리가 '밥투정'이라는 말보다는 '반찬투정'이라는 말을 사용하는 것에서 보듯이 반찬 역할이 중요하다.

나는 어릴 때 할아버지, 할머니, 아버지, 어머니, 나, 여동생. 남동생 둘 여덟 식구가 함께 살았다. 식사 때면 여덟 식구가 함께 밥상에 둘러앉아 밥을 먹었다. 어머니가 김치찌개, 된장찌개, 생선 등과 함께 가끔 불고기를 해주시곤 했는데 여기에 각종 김치류나 나물 등이 곁들여 졌다. 이것이 '한상차림'이었다. 이 한상차림 밥상은 내 나이대 사람들의 어린 시절에는 어느 집이나 대동소이했으며 이것이 당연했다.

요즘은 달라졌다. 내 아들이 18살인데 아들한테 한상차림은 불행하게도 식판 차림이다. 학교의 급식문화에 따라 식판이 한상차림의 기준이 되어버렸다. 요즘 젊은 분들한테는 식판에 밥과 국 넣고, 샐러드와 반찬 넣은 것이 한상차림이 되었다. 아마 미래에는 우리나라 휴게소 음식 문화가 한식의 기본이 될지도 모른다.

그렇지만 한식의 경우, 밥상이라는 한 공간에 여러 가지 반찬이 올라가는 한상차림이 우리네 음식 문화의 기준임에 틀림이 없다. 밥 중심으로 여러 가지 반찬이 어우러진 한식은 '공간 전개형'이다. 이와 달리 서양식은 샐러드, 수프가 나오고 메인메뉴 제공하고 디저트 주고 커피 주는 식으로 시간에 따라 음식이 나오므로 '시간 전개형'이다. 서양식의 특징은 같은 맛 곧 맛의 단순함이다. 대부분 동일한 소스를 첨가하며, 똑같은 맛의 스프, 스테이크, 치즈 등이 나온다. 두 명, 세 명이 함께 식사해도 다들 맛이 늘 똑같다. 같은 시간에 제공되고 같은 음식을 먹으니 늘 시간에 따른 맛의 평가는 누구나 비슷한 게 서양식이다.

'공간 전개형' 한식의 특징은 뭐니 뭐니해도 맛의 다양한 리듬에 있다. 한식의 경우 밥을 중심으로 국과 주메뉴에 더불어 여러 가지의 반찬이 밥상 위에 올라가는데, 밥 한 공기를 다 먹는 동안 여러 개의 반찬을 그때그때 골라 먹는다. 여러 명이 밥을 먹게 되더라도, 다들 맛이 다르게 나온다. 우리나라는 사람마다 먹는 식습관이 다르며, 좋아하는 음식에 대한 성향이 다르기 때문이다. 누구는 생선과 밥을 먼저 먹고, 누구는 밥을 국에 말아서 먹고, 누구는 밥에 계란프라이를 올려서 먹는다. 식사가 시작되고 끝날 때까지 여러 명이 경험한 맛은 각기 다르다.

네 명이 먹을 때, 다섯 명이 먹을 때 모두 동일한 순간에 경험하는 맛이 다르다. 이처럼 사람들의 다양한 반찬에 대한 성향을 충족시켜 줄 수 있는 게 바로 한식의 한상차림이다.

그런데 한식당의 메인 메뉴는 눈부시게 발전을 거듭했지만, 메인 메뉴를 더 맛있게 해주는 조연 메뉴인 반찬은 한참 뒤떨어졌다. 삼겹살, 소고기, 족발, 보쌈, 고등어 모두 기본적으로 맛이 좋다. 생산과 가공 및 유통(콜드체인, Cold Chain)에서 질적으로 수준이 높아졌기 때문이다. 여기에 조미료와 요리 기술의 발전으로 메인 메뉴가 맛이 좋아졌다. 대부분 식당의 메인 메뉴가 상향평준화 되었다고 보면 된다.

이와 달리 반찬은 어느 식당에 가 봐도 형식적인 상차림을 하는 것에 불과하다. 반찬의 수도 적으며 반찬의 질이 전혀 발전하지 못했다. 무슨 족발집이나 무슨 삼겹살집 혹은 무슨 통닭집 간판을 내걸고 오로지 메인 메뉴만 맛있으면 된다는 생각의 오류 때문이다. 따라서 다양한 맛이 펼쳐진 한상차림에 익숙한 사람들은 그런 식당에 가면 질려버린다. 5가지 정도 이상의 다양한 반찬 가운데 자기 취향대로 골라서 먹는 식습관이 있던 사람들은 만족 못한다. 맛있는 반찬이 별로 없으며 형식적으로 구색만 갖추었기 때문이다.

현재 전국의 한식을 표방하는 식당 상당수가 이렇다 보니, 우리나라 사람들은 막상 메인메뉴를 먹으러 식당을 방문하지만 정말 맛있는 메인 메뉴를 즐기지 못할 때도 많다. 다양한 맛을 만족시켜주고 메인 메뉴를 돋보이게 하는 조연 반찬이 제 역할을 하지 못하기 때문이다.

유명한 짜장면집도 알고 보면, 단무지와 양파가 잘 받쳐주고 있으며 맛있는 우동집도 신경써서 만든 양념 단무지를 준다. 삽겹살집, 보쌈집, 고등어집, 국밥집, 족발집으로 유명한 식당에 가보면 메인 메뉴를 잘 받쳐주는 다양한 반찬이 구성되어 있다. 이 사실을 놓치면 안 된다.

원래 김치찌개, 된장찌개와 달리 설렁탕이나 순댓국 등의 국밥(탕반)은 말아먹는 게 우리나라의 식습관이었다. 과거에는 '말아국밥'이라는 말처럼 국밥은 보통 말아서 먹었기에 반찬이 별로 필요가 없었다. 이와 달리 찌개를 주메뉴로 선택하게 되면 찌개에 밥을 말아 먹지 않고 밥과 국 따로 먹기에 반찬이 상대적으로 많았다. 하지만 시대가 바뀌어 요즘 사람들은 국밥을 먹을 때 밥과 국 따로 먹는 비율이 높아지고 있다.

이에 따라 국밥집 식당을 찾는 고객들의 요구가 생겨났다.

"여기 깍두기 말고 다른 반찬 없나요?"

찌개처럼 탕반 메뉴들도 밥과 국을 따로 먹기 때문에 다양한 반찬의 니즈가 생긴 것이다. 그래서 요즘 일부 국밥집에서도 다채로운 반찬을 제공해주고 있다. 특히 여성 고객들은 국밥을 대부분 따로 먹기에 탕반 메뉴의 식당도 여러 가지 반찬 제공이 필수가 되어가고 있다. 잘 되는 국밥집을 가보면 확인할 수 있다. 오징어젓갈이나 계란프라이, 김, 나물 등 반찬을 더 제공하고 있다. 이처럼 반찬의 역할이 더 중요해지고 있다.

'우직한' 이미지의 한식은 참으로 변화무쌍한 음식이다. 한식은 찬을 어떻게 구성하느냐에 따라 완전하게 차별화되는 음식이다. 우리나라 사람은 한상에 여러 가지 반찬을 차려 각자 제 취향대로 맛을 보는 문화를 가지고 있다. 그래서 한식당에서는 메뉴 구성을 다채롭게 해야 한다. 메인 메뉴는 이미 임계점 곧 한계점에 도달한 듯하여 더 새로운 게 없을 정도가 되었다. 이때 조연 메뉴인 반찬을 한상차림처럼 다양하게 제공해 준다면 우리나라 사람의 입맛을 사로잡을 수 있다. 이로써 한식당은 다른 매장과 차별화를 통해 가파르게 상승하는 매출 곡선이 보장된다. 그렇다고 무조건 반찬 수를 늘리는 것은 지양해야한다.

# 02

# 유명 식당에서 반찬 유통 회사 대표를 찾는 이유

전국의 내로라하는 유명 식당들이 나에게 도움을 요청해오고 있다. 최근 몇 년 사이의 일이다. 그 식당 사장님들이 나를 필요로 하는 이유는 다름 아닌 반찬 때문이다. 나는 메인메뉴를 식당 사장님보다 더 잘할 자신이 없지만, 부메뉴인 반찬에서만큼은 자신이 있다. 현재, 나는 유명 식당에 메인 메뉴와 어울리게 반찬 구성을 하여 반찬을 유통해 주고 있다. '고반식당', '몽텅', '오봉집', '괭이부리마을', '천이오겹살', '청와옥', '족발신선생', '배꼽집', '명인밥상' 등 유명 브랜드가 많다.

처음부터 내가 반찬에 대한 안목이 높고, 반찬 구성하기를 잘했던 것은 아니다. 앞서 언급했듯이 나는 외식업 관련 일을 오래 해왔고,

2017년 인생 중반기인 45살에 호구지책으로 반찬 유통 회사 단지 FnB를 창업했다. 우리나라에서 제일 큰 '반찬단지'의 자회사로 시작을 했는데 그 회사는 이미 무려 200여 종류의 반찬을 제조 유통하고 있었다. 당시 반찬단지에서 대중적으로 가장 많이 팔리는 것이 오징어젓갈, 무말랭이, 깻잎장아찌였다. 이 세 가지의 반찬이 총 매출의 20% 이상을 차지할 정도로 많이 팔려나가고 있었다. 내 생각은 단순했다.

'3개 반찬이 대중적으로 많이 팔리니 식당에서도 잘 팔리겠지.'

위에 언급한 반찬 세 가지 소포장 제품 반찬을 아이스박스에 넣은 후 차에 싣고 영업을 뛰었다. 말이 영업이지 식당 하는 지인분들에게 "동생아, 불쌍한 형 봐서 하나만 사줘""형 열심히 하니까 하나 사줘"라는 식이었다. 몇몇 분이 어려운 내 사정을 알고 사주기는 했지만 기대한 만큼 판매가 되지 못했다. 반찬단지에서 많이 팔리는 세 종류의 반찬이 이상하게도 내가 가는 식당에서는 별 반응이 없었다.

식당에서는 이 3가지 반찬을 이미 사용해봤기에 다른 반찬과의 변별력 곧 차별화가 되지 않았기 때문이다. 쉽게 구할 수 있는 반찬이므로 한두 개 써도 좋고 말아도 좋은 것이었다. 내가 직접 방문해서 천원 싸게 준다고 해도 고맙다면서 사겠다는 사람은 거의 없었다. 더욱이 그 3가지 반찬을 만드는 공장도 여기 저기 많았으니 상대적으로 부가가치는 정말 낮았다. 많이 팔수도 없었으며, 설령 많이 팔린다 한들 수익이 별로였다. 식당을 상대로 반찬 유통사업을 시작했지만, 식당에서 어떤 반찬이 필요한지 파악을 못했기에 처참하게 패배의 쓴맛을 봐야 했다.

유통업 1년간 엄청난 마음고생을 했고, 원점에서부터 다시 시작했다. 마치 식당을 창업 하면서 고객의 니즈를 전혀 파악하지 못한 것과 같은 결과였다.

영업 방식을 전면 개편하기로 생각했다. 그때까지 내가 선택한 반찬을 식당 사장님에게 사용해보라고 영업을 해온 것이 잘못되었다고 반성이 되었다. 앞으로는 내가 식당 사장님 입장이 되어서 메인 메뉴에 어울리는 반찬을 연구한 후 그것을 식당에 팔아 보는 게 좋을 듯했다. 이때 공부를 많이 했다. 정말 많이 했고, 지금도 많이 하는 중이다.

삼겹살집에는 어떤 종류의 반찬이 필요한 것인지, 국밥집에는 어떤 종류의 반찬이 필요한 것인지, 생선구이 집에는 어떤 종류의 반찬이 필요하고 보쌈집, 족발집에는 어떤 종류의 반찬이 필요한 것인지, 한상차림 전문점에는 어떤 반찬이 필요한지를 불철주야 연구해나갔다. 시간이 지나면서 하나둘씩 보이기 시작했다. 어떤 반찬이 주메뉴에 딱 맞아떨어지는 것인지 감이 오기 시작했다. 이로부터 반찬의 특성을 파악하여 식당의 주메뉴에 어떤 반찬이 어울리는지 설명하고 권유하는 '기술영업'이 시작이 되었다. 그와 더불어 외식업 경험이 많았던 나는 음식 이외의 다양한 분야에서 했던 경험도 거래처에게 나누어 주었다.

돼지고기, 소고기, 닭고기 각 특성에 어울리는 반찬을 식당에 설명하고 권하자, 사장님들 반응이 좋았다. 식당 사장님 본인들도 미처 몰랐던 것을 알려줘서 고맙다면서 흔쾌히 반찬을 구매하기 시작했다. 점차 나에 대한 소문이 많이 나자 나를 찾는 식당이나 프랜차이즈 본사가 많아지기 시작했다.

이 시기만 해도 모회사인 반찬단지에서 만들어진 반찬을 그대로 유통하고 있었다. 그런데 반찬 공부를 하고 또 여러 업종 식당 영업을 뛰다 보니, 아쉬운 게 생겼다. 이미 식당에서 많이 사용하는 반찬 말고 다른 반찬들이 눈에 들어오기 시작했다. 전국의 잘되는 식당을 돌아다니며 반찬 맛을 보다 보면, 어떤 반찬들이 메인 메뉴와 찰떡궁합이라고 생각되는 일이 종종 있었다. 식당에서 대중적으로 사용하고 있지 않지만 주 메뉴와 잘 어울릴만한 반찬이 적지 않았다.

머지않아 기회가 왔다. '고기원칙'이라는 브랜드에서 연락이 왔다.

"프랜차이즈를 구상 중입니다. 직영 1호점의 반찬을 추천해주십시오."

그 식당의 메인메뉴에 어울리는 명이나물 등을 추천했다.

"그건 요즘 많이 사용하는 제품이니 다른 것을 추천해주십시오."

문득 생소한 반찬을 발굴하거나, 직접 내가 만들어 봐야겠다는 생각을 했다. 이때 내가 추천해준 것이 식당에서는 생소했던 청어알젓갈과 쪽파절임이다. 고기원칙에서는 특이한 젓갈류를 고민하다가 청아알젓갈을 쌈장과 버무려 새로운 제품을 만들었다. 맛 테스트를 거쳐 흡족스러워했고 반찬으로 채택이 되었다. 운 좋게도 이 식당은 방송을 타면서 홍보 효과를 톡톡히 누렸고, 가맹점이 50개 넘게 확대되었다. 그 식당에서 1등 메뉴는 고기였지만 그것을 더 맛있게 해준 것이 조연 역할을 해준 내가 추천한 청어알젓갈이었다.

고기원칙과 거래를 시작한 지 얼마 되지 않아 고기집으로 유명한 '원조부안집'에서도 연락이 와서 새로운 반찬을 추천해달라고 했다. 이 식당에 먼저 대파김치를 제안하여 채택이 되었다. 그다음에 채택된 것이 씨앗젓갈이다. 이 두 개의 반찬도 이미 시장에 있었던 것으로 식당의 상차림에 끌어올렸다. 씨앗젓갈이 나온 과정은 이렇다. 원래 젓갈은 소금으로 염장을 하기에 건강에 안 좋은 측면이 있어 젓갈에 견과류를 넣는 시도를 했다. 흑임자, 참깨, 해바라기씨 등을 날치알 젓갈, 청어젓갈 등과 믹스를 했다. 나중에 씨앗젓갈이 원조부안집의 시그니처 곁들임 반찬메뉴가 되었다.

이 시기에 내가 식당에 새로운 반찬으로 내놓은 것은 사실 이미 시장에 존재하고 있었지만 주목을 받지 못하던 것이었다. 그것을 조금 리뉴얼(renewal)해서 식당에 제안하자 상당한 호평이 나왔다. 반응이 뜨거웠고, 전국의 식당에서 문의전화가 많이 왔다.

"저희도 원조부안집에서 사용하는 씨앗젓갈 좀 받고 싶습니다."

"족발집인데요 무김치에 추가 반찬으로 쪽파절임을 주고 싶은데 받을 수 있을까요?"

식당에서 대중적으로 잘 알려지지 않은 반찬을 발굴해 조금 새로운 것을 추가해서 만든 반찬들이 전국의 식당들로부터 큰 호응을 얻어

나갔다. 그러자 창업 첫해 연 매출 몇 억원하던 것이 다음 해 갑자기 연 매출 10~20억원으로 크게 점프했다.

식당들이 반찬 유통 회사 대표인 나를 얼마만큼 필요한가는 매출이 증명해주고 있다. 주메뉴를 더욱 돋보이게 하는 반찬 구성에 대한 조언을 해주고, 또 새로운 반찬을 공급해주기 때문에 식당 사장님들의 만족도는 높은 편이다. 게다가 주 메뉴에 버금가는 반찬을 제대로 만들려면 오랜 경력의 주방 아주머니 곧 찬모님이 있어야 하는데 그 역할을 내가 대신해주고 있기에 인건비도 아낄 수 있다. 그에 더해 더 탁월한 맛을 내는 다양한 반찬을 제공해 주고 있다. 초기에는 기존 반찬을 영업하는데 머물렀지만 서서히 독자적으로 반찬을 개발하는 단계로 성장해나갔다. 단지에프앤비는 아직까지도 직접 제조는 하지 않지만, 모기업인 반찬단지뿐 아니라 김치공장, 섞박지 공장, 절임공장, 된장공장, 소스공장 등과 함께 지속적인 RnD를 통해 새로운 반찬을 만드는 데 최선을 다하고 있다.

고객 만족도가 좋은 반찬은 따로 있다. 한상차림 전문점의 가득한 수제 반찬

## 03

# 식당을 성공시킨 어리굴젓과 김본잘익은김치

이미 존재하고 있지만 식당에서 사용하지 않는 반찬들이 많다. 아직도 가정집 식탁에 종종 올라오고 있는 반찬 중에 식당 반찬으로 올리면 좋은 것이 너무나 많다. 대부분의 식당 사장님은 오로지 메인 메뉴의 개발에만 전념하다 보니, 그것과 어울리는 새로운 반찬에 대해서는 잘 모르는 경우가 많다. 이런 사실을 알게 되니 나는 정말 놀라지 않을 수 없었다.

따라서 반찬 유통 회사 대표로서 내가 해야 할 역할은 식당 사장님을 대신해 메인 메뉴와 최적의 조합을 이루는 반찬을 연결해 메인 메뉴 맛을 한층 더 극대화시키는 것이었다. 식당의 여러 가지 주메뉴와 어울리는 다양한 반찬 구성을 제안하는 것이 내가 식당 사장님을 위한 '미션'이라고 보았다. 전 재산을 걸고 장사를 하는 사장님처럼 절실한 마음으로 반찬 연구를 해나갔다. 그런 결과, 이미 있던 반찬을 식당의 반찬으로 구성해내어 크게 히트를 친 두 사례가 있다. 어리굴젓으로 '천이오겹살', '족발신선생'의 성공에, 김본잘익은김치로 '괭이부리마을'과 '경아식당', '뭉텅' 등의 브랜드 성공에 적지 않게 이바지했다. 이런 식당들의 성공으로 우리 회사 또한 동반성장 할 수 있는 기회가 찾아왔다.

합정역에 있는 '천이오겹살'은 맛집으로 방송을 타면서 유명 고깃집으로 알려졌다. 원래 이 식당은 1인분 1만 원의 생고기 전문점이었다. 그런데 냉동삼겹살이 이태원과 홍대, 합정에 유행하기 시작하자 식당 사장인 천이석 동생이 나에게 상담을 요청했다.

"형, 나 냉삼하고 싶어요. 기존의 생고기를 계속하면서 냉삼을 추가하고 싶습니다."

바로 진행을 해줬다. 기존에 내가 알고 있는 육가공 업체에 요청을 해서, 제주도에서 고기를 공급받은 후 급랭하여 냉동삼겹살을 납품시켜주었다. 수 개월의 테스트에 합격했는데 막상 냉삼을 먹어보니 맛은 좋은데 무언가 임팩트가 필요했다. 이대로는 고객들의 입맛을 사로잡기 힘들었다. 특별한 자극으로 냉동 삼겹살의 맛을 배가시킬 반찬으로서의 '킥(kick) 메뉴'가 필요했다. 그래서 냉삼과 잘 어울리는 반찬 구성에 관해 고민이 시작되었다. 이때 맛의 원리에 기반하여 냉삼의 최고 감칠맛을 내는 반찬을 찾기 위해 테스트를 해봤다.

대표적으로 감칠맛을 내는 단백질 아미노산이 이노신산, 글루탐산, 구아닐산 등이다. 돼지고기 같은 적색육의 감칠맛 요소가 이노신산인데 이것이 글루탐산과 반반 결합하면 감칠맛이 최대 7배 폭발한다. 일례로 우리 민족은 삼겹살에 글루탐산나트륨 대용으로 오래전부터 새우젓을 올려서 먹었는데 그래서 감칠맛이 잘 우러났다. 나는 여러 가지 반찬 재료로 냉동삼겹살의 감칠맛을 극대화하는 것을 테스트한 결과 강력한 한방을 찾아냈다. 어리굴젓이었다. 천이석 대표가 어리굴젓을 테스트하고 나서 너무나 반찬으로 채택하길 원했다. 문제는 원가가 비싼 데다가 관리가 힘들다는 점이었다.

직접 내가 어리굴젓을 납품하기로 했다. 이때만 해도 식당에서 어리굴젓을 내는 매장은 그리 많지 않았다. 어리굴젓을 제조하기 위해서는 조금이라도 원가를 낮추기 위해, 구정 전후로 굴 소비가 줄어드는 시기에 본사인 반찬단지를 통해 대량으로 굴을 구매한다. 남해안의 통영 등에서 100톤 이상 생굴을 매입하여 바로 급랭 작업을 진행하고, 매주 월요일마다 해동해서 굴 무침을 제조하는 식이다. 조금이라도 관리에 소홀하면 변질의 위험이 있기 때문에 많은 신경을 써야 했다. 국내산 생굴이다 보니 가격이 비쌀 수밖에 없었다. 1인분 1만 원에 삼겹살을 팔면서 굴젓을 준다는 것은 모험이었다. 오죽하면 사장님 입에서 이런 소리가 나왔을까?

"삼겹살보다 어리굴젓 값이 더 나갈 것 같아요. 이렇게 팔아서 수지가 맞을지 걱정입니다."

그때 생각해 낸 것이 고객이 어리굴젓을 추가 주문하면 추가 비용을 받는 것이었다. 기본적으로 여러 가지 반찬과 함께 맛보기로 어리굴젓을 제공해주고 고객이 추가주문하면 비용을 받을 것을 제안했다. 처음엔 천이석 대표가 그렇게 해도 될지 고민이 많았다. 사실, 일본의 경우 김치 등 반찬 하나를 추가해도 별도로 추가 비용을 받는다. 하지만 우리나라는 '정'문화도 있고 음식에는 인색하지 않다. 어디서나 볼 수 있는 흔한 반찬이 아닌 맛있고 귀한 어리굴젓을 추가 요청 시 비용을 받는 것은 시도해 볼만했다. 그리고 대부분의 고객은 굴이 저렴하지 않다는 것을 이미 어느 정도 인지하고 있다.

우리 회사에서 유통하는 반찬 중에 어리굴젓, 명란젓, 낙지젓갈이 3대 프리미엄 젓갈로 비싸지만 꾸준히 판매되고 있다. 이런 고가의 젓갈들이 식당에 많이 유통되는 이유는 그나마 식당에서 추가 비용을 받을 수 있기 때문이다. 천이오겹살도 그렇다. 이곳에서는 어리굴젓을 맛보기로 제공한 후에 추가 요청시 1.2~1.5배 더 양을 늘려주고 5천 원을 받고 있다. 그 결과는 정말 대성공이었다. 냉동삼겹살은 다른 식당에 가도 얼마든지 맛볼 수 있지만 냉삼의 감칠맛을 최고로 높여주는 어리굴젓은 다른 곳에서 맛보기 힘들었기 때문이었다. 고객은 냉삼에 어리굴젓을 올려 먹기 위해 천이오겹살에 다시 줄을 서기 시작했다.

그 결과 '청와옥', '족발신선생'을 비롯해 많은 식당들이 따라서 어리굴젓을 내놓기 시작했다. 천이오겹살에서 어리굴젓을 사용했을 때가

2018년도쯤인데 내가 어리굴젓을 식당에 유행을 시킨 장본인인 셈이다. 순댓국으로 유명한 청와옥 역시 오징어젓갈을 반찬으로 내주고 있었는데 새로운 젓갈로 교체를 고민하던 차에 내가 유통하는 어리굴젓을 맛본 후 순대와 어울림이 좋은 어리굴젓을 반찬으로 채택했다. 족발신선생도 족발의 감칠맛을 올려주는 어리굴젓을 알고 난 뒤 어리굴젓을 반찬으로 채택했다. 위의 식당 모두 추가 비용을 받았다. 현재, 어리굴젓은 베트남, 미국 등으로 수출까지 되고 있다.

인천에서는 나름 고등어구이로 손꼽히는 곳이 '괭이부리마을(청라점)'이다. 이곳에서 유명한 것이 김본잘익은김치인데 내가 유통해 주고 있다. 고등어구이라는 게 염장하고 굽는 방식에 따라 맛이 조금씩 다르긴 하지만 식당마다 대동소이하다. 요리 기술이 다 공개가 되어서 웬만한 식당에서는 다 맛있게 내놓고 있는 메뉴가 바로 고등어구이다.

괭이부리마을이 문을 열 때 가장 큰 고민은 다른 식당과 무엇으로 차별화하느냐는 것이었다. 내가 여성 고객이 좋아하도록 나물 반찬 여러 개를 내놓고 여기에 김본잘익은김치를 이용한 고등어묵은지조림을 추가하자고 했다. 사실, 일정 산도를 유지하는 김치를 유통하기는 정말 쉽지 않았다. 게다가 50일 숙성의 익은 김치를 보관하는 냉장창고 비용도 만만치 않았다. 무엇보다 식당 입장에서는 배추의 특성상 저렴할 때는 좋은데 비쌀 때는 2~3배 비싸기 때문에 1년 내내 김치 메뉴를 유지하는 일이 쉽지만은 않다. 그럼에도 괭이부리마을 신용식 대표는 다른 매장이 가지 않는 어려운 길을 선택했다. 국산 숙성 김치를 활용한 고등어 묵은지조림 메뉴를 판매하기로 결정했다.

그 결과, 1인분에 1만 7천 원이라는 적지 않은 가격임에도 불구하고 크게 성공했다. 현재 이곳은 다양한 나물과 더불어 어리굴젓 그리고 갓김치에 제육볶음까지 주고 있다. 월 매출 2억 가까이 되고 있으며, 테이블이 22개인데 주말에는 7~8회 회전율을 보이고 있다. 평범할 수 있는 고등어구이 주메뉴에 고등어묵은지조림이라는 메뉴를 제공함으로써 다른 생선구이 집들과 차별화하여 매출을 더 높이 끌어올리는 데 성공했다. 괭이부리마을은 청라점 한 곳이 운영되고 있다. 맛있고 줄서는 식당으로 방송에도 나오면서 신용식 사장님에게 가맹점을 내달라는 전화가 쇄도하고 있다.

반찬 하나는 매우 사소하게 보일지 모른다. 그렇지만 신경 써서 정성껏 만든 반찬 하나가 창출하는 효과는 매우 크다. 단지 반찬 하나 더 늘어나는 것으로 끝나지 않는다. 주메뉴의 맛을 더 돋보이게 만드는 반찬 하나를 채택함으로써 식당의 운명이 바뀐다. 나는 그런 변화를 옆에서 많이 봐왔다.

김본잘익은김치는 구이용으로 생산했지만, 찜이나 찌개용으로도 인기가 많다.

# 04

# 저렴하고 맛있는 김본 반찬들

제주도에 출장을 간 적이 있다. 제스코마트에 들러 식자재 코너를 둘러봤는데 우리 회사의 김본멜젓이 잘 진열되어 있었다. 나는 평범한 고객처럼 반찬 코너를 서성이고 있었는데 한 여성분이 카트에 김본멜젓 10개를 싣고 있었다. 그 여성분에게 식당하시냐고 물었더니 펜션을 한다고 했다.

"펜션하는데 왜 이렇게 많이 가져가세요?"

그 여성분이 펜션을 하면서 B2C로 고기 유통을 하고 있는데 고기와 함께 멜젓을 조금씩 제공하니 고객들 반응이 너무 좋다고 말씀하셨다. 반찬 회사인 '반찬단지'에서 좋은 원재료를 저렴하게 매입하고, 단지 FnB에서 식당 반찬으로 개발하여 '김본'이라는 상표의 제품으로 출시하고 있었다. '김본'은 내가 외식업 프랜차이즈 본부장을 몇 군데 했을 때 주변인들이 내게 만들어준 별명이다. 나는 아예 이 '김본'을 상표 등록 했다. 김본멜젓은 양질의 원재료를 사용해 한식 소스로 개발한 제품인데 제주식 돼지구이 전문점이 많아짐에 따라 큰 인기를 얻고 있다.

현재, 다양한 김본 제품이 나오고 있다. 김본멜젓, 김본오말랭이, 김본잘익은김치, 김본된장, 김본쌈장이 대표적이다. 오말랭이는 오징어젓갈과 무말랭이를 혼합한 것으로 우리 회사에서 처음 개발한 것이다. 나머지 반찬들도 대부분 시중에 이미 있던 것을 가져와 식당용 반찬으로 개발한 것으로 '발견 80% + 개발 20%'라고 보면 된다.

오말랭이는 전에 없던 것으로 우리 회사에서 최초로 만든 반찬이다. 지금은 우리말고도 유통 하는 곳이 여럿이다. 한 프랜차이즈 콩나물해장국 브랜드 이사님이 찾아오셔서 본인들의 브랜드는 콩나물국밥을 다른 경쟁사보다 저가로 판매하는데 반찬으로 제공되는 오징어젓갈 비용 때문에 고민이라고 했다. 오징어젓갈 원가가 계속 올라가니 반찬으로 내놓기가 부담스럽다는 이야기였다. 나는 오징어젓갈보다 싼 반찬으로 무엇이 어울릴지 한참을 고민했다. 그러다 우연히 경기도 화성 어딘가에 있는 콩나물해장국집에 들렀다가 새로운 반찬에 대한 아이디어를 떠올렸다. 셀프바에서 오징어젓갈과 무말랭이를 꺼내 한 접시에 덜어 놓았다. 접시 두 개에 따로 넣는 게 귀찮았다. 두 개를 섞어서 먹는데 맛이 괜찮았다. 쫄깃쫄깃하면서도 오도독한 식감이 느껴져서 반찬으로는 제격이었다.

'바로 이것이다.'

새로 반찬으로 출시해보면 좋겠다는 생각을 했다. 사무실에 돌아가서 재차 두 개를 섞은 후 맛을 보았는데 상당히 흡족했다. 남은 건 원가였는데 그것도 합격이다. 지금이야 좀 올랐지만 당시만 해도 오징어젓갈 16kg이 10만원이고 무말랭이 16kg이 4만원인데 두 제품을 5대 5 섞으면 오말랭이 16kg당 7~8만 원 선이 되었다. 지금은 10만 원 정도 되었다. 맛도 좋고 원가도 저렴하니 오징어젓갈을 대체할 수 있어 보였다. 결과는 성공이었다. 국에 밥을 말아먹는 탕반집 그러니까 설렁탕집이나 콩나물해장국 매장 등 특히 맑은 국물의 뚝배기 전문점 중심으로 엄청나게 많이 사용되었다. 이 반찬은 발전의 발전을 거듭했다. 지금은 세밀한 규격에 맞춰서 오징어젓갈 2cm, 무말랭이도 2cm로 재단되어 한 젓가락에 먹을 수 있도록 배려를 했다. 지금 이 오말랭이는 일반 식당에서도 많이 취급되는 스테디셀러가 되었다.

김본잘익은김치는 우리 회사의 한 달 매출의 10%를 차지할 정도의 주력 제품이다. 그만큼 많은 식당에서 구이용, 찌개용, 찜용으로 어울리는 맛을 내기 때문에 매출이 많이 나오는 편이다. 수요가 많은 만큼 다른 김치 공장에서도 충분히 판매할 수 있을 것 같지만 실상은 그렇지 못하다. 김치의 특성상 비용이 많이 들고 위험부담이 크기 때문이다.

내가 김본잘익은김치를 만들 게 된 것은 김치 삼겹살(솥뚜껑 삼겹살)이

유행할 때였다. 당시 김치 삼겹살을 주메뉴로 운영하는 식당 대부분이 중국산 김치를 숙성시켜 이용했는데 품질 문제도 있고, 늘 원산지 이슈도 있었으며 산도가 일정하지 못했다. 그래서 김치 삼겹살의 맛이 좋지 못했다. 기본적으로 1년 이상 묵혀서 쓰는 묵은지는 오랜 기간 숙성을 하기에 시원한 국물 맛을 내는 탕용(묵은지 감자탕, 김치찌개 등)에는 적합했지만, 아삭한 맛도 살려야하는 구이용 김치로는 적합하지 않았다. 또한, 단가가 무척이나 비쌌다. 이때 부대찌개와 삼겹살을 아이템으로 하는 식당을 오픈한 동생이 나에게 맛을 봐달라고 해서 그곳을 찾아갔다. 맛을 봤더니 김치 때문에 부대찌개 맛도, 김치 삼겹살 맛도 그리 좋지 않았다. 이를 계기로 구이용이나 찌개용 등에 어울리는 잘 익은 김치 개발에 착수했다.

막상 개발에 착수해보니 비용이 엄청나게 많이 들어갔다. 처음 양이 적을 때는 비용도 적고 만드는 게 수월했다. 김치를 담근 후 0~3℃에서 45~50일 숙성을 시킨 후에 출고했다. 그런데 구이용, 김치찌개용, 찜용으로 괜찮다고 소문이 나자 매출이 늘어났고 많은 주문이 밀려들었다. 이때부터 많은 비용이 드는 대형 창고가 필요했다.

더욱이 배추 가격이 너무 올라서 대량 구매해서 김치를 담그는 게 쉽지 않았다. 막상 비싼 가격으로 배추를 구입해서 김치를 담그면, 과연 김치를 모두 팔 수 있을지도 걱정이 되었다. 시간이 지나면서 지금은 안정 궤도에 올라왔다. 따로 김치 공장과 손을 잡고, 내가 참여해 산도와 맛을 엄격하게 체크하여 OEM으로 김치를 생산하고 있다. 이 김치는 6개월에서 1~2년 숙성하지 않고 45~50일 정도 숙성을 하기에 엄밀히 말해 묵은지가 아니다. 그렇지만 이 정도 숙성한 산도의 김치를 삼겹살 구이와 김치찌개용으로 사용하는 데는 큰 무리가 없었다. 또한 가격이 1년 이상 숙성 묵은지와 비교해 저렴해서 전국의 삼겹살 전문점과 김치찌개 매장 등에서 많이 주문을 해주고 있다.

나는 조리사 자격증이 없다. 프랜차이즈 본사에서 근무할 때는 매뉴얼대로 조리하는 것뿐이었는데 실제 내가 주방을 제대로 운영해 본 것은 '정덕식당'이라는 고깃집을 창업 했을 때다. 사실은 이 시기에 된장찌개를 끓여보고 계란찜도 해보고 국수도 만들어 본 것이다. 외식업 창업하는 분 중에 조리사 자격증을 갖고 있는 경우가 많지 않다고 본다. 한식 10년 이상 경력을 가지고 있다거나 번듯한 한식 조리사 자격증을 가져서 식당을 시작하는 분은 적다. 많은 분들이 내게 조리사 자격증도 없는데 어떻게 해서 전국의 식당에서 찾는 반찬을 만드냐고 묻는다. 이에 대해서 나는 두 가지가 비결이라고 답한다.

'양질과 가성비'

지금은 공급자로서 8년 차가 되었다. 그렇지만 나는 외식 관련 업체에서 오랜 직장인 생활을 했고 또 식당 사장도 했봤기에 식자재를 구매하는 수요자의 마음을 누구보다 잘 안다. 요즘 식당 사장님의 제일 큰 걱정들 중 하나는 재료비와 손맛을 내는 주방 이모님 인건비가 자꾸 오르고 있다는 것이다. 그렇다고 싼값으로 만든 반찬을 대충 내놓을 수도 없는 노릇이다. 맛이 좋으며 가격이 합리적인 반찬을 전국의 식당 사장님들이 요구하고 있었다.

나는 모기업 반찬단지와 협업해서 저렴한 양질의 재료를 대량 구매하는 조건을 만들고 위생적이며 일정한 맛을 내는 반찬을 제조하여 출시하고 있다. 식당에서 우리 회사의 반찬을 사용할 경우, 손맛 좋은 주방 아주머니를 채용한 것과 같은 효과가 났다. 맛이 일품이기 때문이다. 게다가 우리 회사의 반찬 가격은 식당에서 반찬을 만들 때 들어가는 재료비와 인건비에 비해 상대적으로 낮았고 또 시중의 다른 반찬 공장의 가격보다도 나름 저렴했다. 식당 사장님은 수요자로서 맛있고 다양한 반찬을 저렴하게 구매할 수 있어서 크게 만족스러워하고 있다.

돼지고기의 감칠맛을 돋우는 김본멜젓

## 05

# 다양하게 반찬을 주는 것이 대세다

식당 창업을 하려는 분들이 잘 놓치는 사실이 있다. 메인 메뉴에만 신경 쓰다 보니 요즘 반찬 구성이 어떻게 변하고 있는지 전혀 모르는 경우가 있다. 단지 메인 메뉴 하나를 잘 만든 후에 형식적인 반찬 몇 개를 주면 끝이라고 생각하고 있다. 주연 배우를 빛나게 하는 조연들이 시대에 따라서 어떻게 변하고 있는지 하나도 모르고 있는 것이다.

과거 장사가 잘되는 한 한우집의 경우 계란찜, 김치, 멍이나물을 기본 반찬으로 제공했었다. 요즘은 계란찜, 고사리, 얼갈이무침, 명란젓, 된장찌개를 제공하는 것으로 바뀌었다. 눈치 빠른 분들은 이 사실에서 뭔가를 알아차려야 한다. 그렇다. 과거에 획일적이고 가짓수 적게 구성했던 반찬이 요즘은 다양하게 바뀌고 있다는 것이다. 유명 한우집에서

과시하려고 여러 종류의 반찬을 내놓았을까? 절대 그렇지 않다. 철저히 요즘 고객의 니즈를 반영했다. 요즘 고객은 반찬 한두 가지 주는 것보다는 여러 가지를 다양하게 제공하는 걸 선호하고 있다.

고깃집은 특성상 혼자가 아닌 여러 명이 함께 식사하러 오는 곳이다. 여러 명이 맛보는 메인 메뉴는 똑같다. 그런데 상차림이 어느 식당에서나 제공되는 흔한 반찬 몇 개로 끝난다면 여러 명이 각기 제 취향대로 식사하기란 쉽지 않다. 정해진 반찬과 메인메뉴를 먹으니까 맛이 별반 차이가 없다. 그런데 반찬의 종류가 참 다양하다면? 반찬이 10여 개에 이른다면 사정이 다르다. 이때는 여러 명이 각각 제 입맛에 맞는 것과 함께 메인메뉴를 먹을 수 있다. 따라서 여러 명의 취향을 다 만족시킬 수 있다. 요즘 식당 반찬의 트렌드가 이렇다. 손님 한명 한명의 입맛을 다 충족시켜주기 위해 여러 가지 반찬을 내놓고 있다.

어떤 측면에서는 뷔페와 비슷하다. 다양한 반찬을 내놓으면, 고객은 그것 중에서 자기가 맛있는 것을 골라서 먹으면 된다. 이제 다양한 반찬을 내놓은 것이 선택이 아닌 필수가 되었다.

고등어구이집으로 예를 들어보자. 대한민국에서 이름만 이야기하면 다 아는 유명한 어느 고등어구이집이 있는데 그곳은 총각김치, 잡채, 샐러드 등을 반찬으로 내놓았다. 고등어구이집을 하는 식당들은 모두 그 반찬 구성을 벤치마킹했다. 나름대로는 그 식당이 기준인 시대가 있었다. 지금은 많이 달라졌다. 내가 도움을 준 고등어구이집 '괭이부리 마을'이 그 예이다. 이곳은 반찬으로 여러 개의 나물과 젓갈, 갓김치, 제육볶음 등 10여 개를 주고 있다. 식당 입장에서 10여 개의 반찬을 준비하느라 고생을 할 게 뻔하지만 그 결과를 놓고 보면 생각이 달라진다. 고객들이 크게 반기고 있기 때문이다.

여기서 우리가 생각해봐야 할 문제는 바로 비용이다. 반찬을 다양하게 제공하는 데 필요한 비용이 저렴하면 누가 식당에서 여러 개 반찬을 하지 않겠냐고 볼멘소리를 할지 모르겠다. 그렇다면 비용이 많이 나가는 요즘에는 반찬을 다양하게 내놓는 게 불가능할까? 그렇지 않다. 간단한 예로 맛보기를 제공해 준 후, 추가 요구 시 비용을 받는 전략을 쓰면 된다.

이와 더불어 처음부터 비용을 받는 방법이 있는데 세트로 묶어서 할인하는 전략이 있다. 라면집을 예로 들어보자. 원가만 놓고 생각해보자. 예를 들어 라면 한 그릇을 3,000원에 판매하고 원가가 1,000원이라 가정하면 2,000원의 수익이 남는다. 그런데 주위에 라면집이 많이 생겨서 하루에 100그릇 팔던 판매량이 30그릇으로 줄어들었다고 하자. 이때 하수는 한 그릇에 2,000원으로 가격파괴를 해서 팔다가 망하고 만다. 이 집 때문에 주위 라면집도 다 망하고 만다.

이 라면집이 해볼 만한 전략은 주먹밥을 내놓으면서 라면과 세트로 만들어 할인가로 파는 것이다. 주먹밥 하나의 원가가 500원이라면 단품의 메뉴는 원가의 약 3배인 1,500원에 판매할 수 있다. 따라서 메뉴판에 주먹밥 1,500원이라고 적어 놓은 후, 그 옆에 라면 한 그릇+ 주먹밥을 3,500원이고 적는 것이다. 원래대로라면 라면 한 그릇과 주먹밥 한 개는 합쳐서 4,500원이다. 고객은 메뉴에 적힌 할인 가격을 보고서 마음이 동한다. 1,000원 싸게 라면과 주먹밥을 먹는 것을 놓치기 힘들다. 고객은 라면 한 그릇 가격을 지불하면서 500원만 추가하면 라면과 주먹밥을 먹을 수 있다고 생각한다. 라면집에서는 라면 한 그릇과 주먹밥 세트 하나를 팔 때마다 2,000원이 남는 게 된다. 이를 통해서 라면 매출을 더 끌어올릴 수 있다. 실제로 이런 세트를 구성하면 메뉴 쏠림 현상이 일어나게 되는데 주먹밥 등을 선행 생산해 놓으면 된다. 물론 전체 원가 비용은 올라가겠지만 고객 만족도를 통해 주변 식당과의 경쟁에서 우위를 점하는 효과가 있다. 단순한 가정이지만 이런 전략을 세울 줄 알아야만 위기를 극복할 수 있다.

이런 식으로 새로운 반찬이나 메뉴를 제공하되 추가 비용을 받지 않는 것처럼 교묘히 기술을 써서 파는 전략을 식당 사장님들이 사용해 볼 수 있다. 메인 메뉴와 반찬을 세트로 만든 후 할인가격으로 내놓는 것이다. 이 전략은 난다 긴다 하는 고수들만 쓰는 장사의 법칙이다. 이를 잘 사용한다면, 다양한 반찬을 제공하는 것에 대한 비용 부담을 없앨 수 있으며 여러 명의 고객들은 각자의 취향대로 맛있게 식사를 할 수 있다. 반찬의 종류를 다양하게 했을 때 고객들이 먹는 양이 많아지면 어쩌나 걱정할 필요가 없다. 사람은 먹는 양이 어느 정도 정해져 있다.

다양한 반찬을 제공할 때 효과는 두말할 필요가 없다. '괭이부리마을'의 반찬 상차림

# 06

# 고수는 공장 반찬을 재가공한다

언젠가부터 삼겹살 매장에 가면 직원이 “우리 집 고기는 명이나물에 싸서 드세요” “와사비를 올려서 소금 살짝만 찍어서 드세요” “잘 익은 갓김치하고 같이 드셔보세요” “멜젓 끓어오르면 한번 찍어 드셔보세요.”라고 말하는 것을 접해왔다. 식당에서는 정성껏 만든 다양한 반찬에 대한 자신감을 토대로 고객에게 더 맛있게 먹는 방법을 알려주는 것이다. 대충 반찬 몇 개로 구색을 갖춰놓는다면, 고객에게 이런 말을 하기 쉽지 않다.

나는 B2B로 식당에 반찬을 유통하는 대표이지만, 역설적으로 제일 좋은 반찬은 정성 들여서 매장에서 직접 만든 반찬이라고 소신을 밝혀왔다. 지금도 이 생각에는 변함이 없다. 소위 공장 반찬을 만드는 사람이 모순적으로 보일지 모르겠다. 사실, 공장 반찬과 직접 만든 수제 반찬은 각기 장단점을 가지고 있다.

요즘 식당은 인건비, 재료비 상승과 더불어 주방 직원 채용의 어려움으로 인해 직접 반찬을 담그기가 쉽지 않다. 또한 주방 찬모님이 자주 바뀌기 때문에 반찬 맛이 조금씩 달라져서 반찬 맛의 일관성을 유지하기 힘들다. 이런 이유때문에 반찬 회사가 필요한 것이다. 반찬 회사는 일관된 맛의 반찬을 맛있게 만들어내는 경력 주방 아주머니의 역할을 톡톡히 해내고 있다.

그러면 반찬 회사로부터 반찬을 공급받는 식당들은 결과적으로 '직접 정성껏 만든 반찬'을 고객에게 내놓을 수 없는 것일까? 절대 그렇지 않다. 반찬회사에서 유통하는 반찬은 보존성과 유통이라는 공장 반찬 특성상 맛의 한계가 어느 정도 있다. 이런 점을 고수 식당 사장님은 재가공으로 보완하여, 직접 정성껏 만든 반찬과 다름없게 고객에게 내놓는다. 재가공을 함에 따라 사실상 식당에서 직접 정성껏 만든 반찬과 같은 퀄리티의 반찬이 제공되는 것이다.

실제로 우리 회사가 유통하는 반찬을 재가공한 후 새로운 반찬으로 내놓는 유명한 식당들의 사례는 많다. 그래서 고객이 그 반찬을 맛보면 식당에서 직접 만들었다고 생각할 정도가 된다. 이러한 유명 식당은 인건비, 재료비를 절감하는 것은 물론 맛까지 잡았으므로 다른 식당보다 더 높은 경쟁력을 가질 수 있다.

공장에서 생산하는 B2B 반찬은 어느 정도 한계가 있다. 어리굴젓을 예를 들어보자. 유통해야 하니 보존력을 높이기 위해 원재료는 냉동을 하고 무침의 과정에서 해동을 하며 부득이하게 염도를 높인다. 그다음 변질되지 않도록 최대한 수분을 줄이다 보니, 보존력을 높이는 마늘이나 생강 정도만으로 어리굴젓을 만들게 된다. 대파, 양파, 무, 배 등을 추가하면 맛이 훨씬 좋겠지만 변질이 되기 쉬운 수분 때문에 하지 못하고 있다. 이게 공장 반찬의 한계다.

따라서 공장 반찬을 공급받은 식당은 세 종류로 나뉜다. 유통 받은 반찬을 그대로 내놓는 보통의 식당, 유통 받은 반찬을 조금 재가공하는 중수 식당, 유통 받은 반찬을 본인의 레시피로 재가공하는 고수 식당이다. 공장 반찬을 공급받는 식당 사장님이 지향해야 하는 것은 고수 식당이다. 자기 특유의 레시피대로 깃은 양념과 야채를 첨가하여 식당에서 재가공을 한다면, 사실상 직접 담근 반찬이나 다름없지 않을까? 실제로 잘 되는 식당들은 공장 반찬을 공급받은 후 반드시 재가공을 하고 있다. 그래야만 같은 반찬이라도 차별화가 되는 것이다.

한번은 우리 회사 거래처 식당을 방문한 적이 있다. 식사하면서 반찬 맛을 보는데 우리가 공급한 반찬인지 아닌지 알쏭달쏭했다. 식당 사장님께 이 반찬이 우리 것이 맞느냐고 물었더니 이런 답변이 돌아왔다.

"김 사장님한테 받은 반찬입니다. 내가 간장 물 어느 정도 빼고 양념해서 다시 만들었어요."

이 식당이 고수였다. 공장 반찬을 재가공하여 수공업 반찬처럼 완벽하게 재탄생시켰다. 반찬을 이렇듯 정성껏 만드는데, 메인 메뉴는 더 말할 것도 없었다. 그 지역에서 맛집으로 소문이 났고, 해마다 수십억대의 매출고를 올리고 있었다.

우리 회사는 고들빼기를 식당에 많이 납품하고 있다. 우리가 공급하는 고들빼기는 꼬득꼬득하고 아삭아삭한데 양념이 나쁘지 않다. 그러면 어느 식당은 그대로 내놓는데 이곳은 그저 보통의 식당이다. 또 어떤 식당은 먹기 편하게 잘라서 내놓는데 이곳은 나름 신경을 쓴 중수 식당이다. 또 어떤 식당은 먹기 좋게 자른 다음 참기름, 깨소금에 버무리고 또 당근 채를 썰어서 넣어서 색감을 살려 내놓는데 이곳이 고수다. 이렇게 재가공하면 한정식 집에서나 나오는 고급 반찬과 같게 된다. 입맛 까다로운 고객도 이곳 고들빼기를 맛보면 직접 담근 반찬으로 생각하게 된다.

간장고추절임도 그렇다. 우리가 식당에 납품을 했을 때 일반 식당이 있고, 중수식당, 고수식당이 있다. 일반 식당은 그대로 내놓는데, 중수식당은 꼬다리 잘라서 먹기 편하게 만들어준다. 고수식당은 어떨까? 먼저 꼬다리 자르는 것은 물론 착즙해서 수분기를 제거한다. 그런 다음 자기만의 레시피로 고춧가루, 참기름, 간마늘 넣어서 버무린다. 손이 많이 가는 일이다. 그렇지만 납품받은 반찬의 한계를 알기에 식당 사장님은 반드시 재가공을 해서 고객에게 내놓는다. 이런 고수 식당들이 있는데 어김없이 잘되는 식당이다. 이렇듯 식당 반찬 하나를 내어도 어느 정도 노력이 필요한 일들이 많고 그걸 또 해내야만 옆집과 다른 경쟁우위가 생기는 법이다.

장사가 잘되는 유명 식당 사장님들은 이구동성으로 말한다. 자기네가 직접 반찬을 만드는 것은 너무 어려운데, 공장 반찬을 납품받아 내 레시피대로 반찬을 만들 수 있어서 좋다는 것이다. 식당에 반찬을 납품하는 우리 회사가 주방 찬모님의 역할을 하지만 유통 문제로 인해 일정한 한계가 있다. 그렇지만 식당에서는 인건비, 재료비 절감을 위해 공장 반찬을 쓰는 추세가 되어 가고 있다. 공장 반찬을 납품받는 식당은 보통의 식당, 중수식당, 고수식당로 나뉜다. 매출이 좋은 경쟁력 있는 식당이 되려면, 공장 반찬의 재가공이 필수다.

식당의 레시피로 재가공해 맛을 끌어올린 어리굴젓

## 단지FnB를 말한다 3

### 우리 식당 뒤에서 그림자처럼 도와주는 김 대표

김정덕 대표가 삼겹살집 '정덕식당'을 운영할 때부터 페이스북으로 알고 지내 왔어요. 거의 10년쯤 된 듯합니다. 워낙 프랜차이즈 본사에서 오래 일하고 자기 장사도 직접 해봤고, 외식업하는 사람들 사이에서는 유명해서 꼭 한번 봐야지 했는데 우연찮게 신림동 한정식 바달비 총괄로 근무할 때 식사를 하러 와서 인연이 되었습니다. 나 역시 평생 음식을 한 사람으로 한식 명인으로 활동하고 있어서 김정덕 대표와 시간 가는 줄 모르고 음식 이야기를 하다가 친한 사이가 되었어요.

5년 전 '반찬은 요리다'라는 콘셉트로 문정동에 '명인밥상'을 오픈할 시기가 왔는데 그때 김정덕 대표가 참 많은 도움을 주었습니다. 물론, 우리 매장은 대부분의 음식을 직접 조리하는 시스템입니다. 하지만, 절임류나 젓갈류는 매장 주방에서 직접 제조하기가 참 힘듭니다. 주방에 사람이라도 바뀌면 좋은 맛을 계속 유지하는 것이 어려운데, 이 문제를 해결해 주었던 업체가 김 대표의 단지FnB였습니다. 특히, 젓갈류는 한 가지만 사용하지 않고 여러 가지를 그때그때 맞추어서 고객에게 제공하고 있는데 반응이 좋습니다. 저희는 씨앗젓갈, 명란젓, 오말랭이, 간장고추, 양념고추, 명이나물 등을 순환시켜 사용하고 있습니다.

지금은 어엿한 사업체 대표로서 저 말고도 많은 식당 사장님들에게 반찬 솔루션을 해주고 있는 걸로 알고 있습니다. 게다가 김 대표는 외식업 경험이 풍부해서 상차림뿐 아니라 마케팅, 운영 등 여러 분야에 도움을 주는 걸로도 알고 있습니다. 저 역시 김 대표가 우리 식당에 가끔 와서 식사를 직접하고서 상차림이나 메뉴 관련 이야기뿐 아니라 기타 식당 관련 여러 가지에 대해서도 좋은 얘기를 정말 많이 해줘서 참 고맙습니다. 최근 들어 불경기임에도 우리 식당은 늘 손님이 꾸준한 편입니다. 김 대표는 늘 '사람이 답이다'라고 얘기하는데 우리 식당 뒤에서 그림자처럼 도와주는 김정덕 대표가 있어 정말 고맙다는 말을 하고 싶네요. 덧붙여서 매년 김정덕 대표가 진행하는 불우이웃 김장행사에 몇 해째 같이 참여하게 되어 늘 보람을 느낍니다.

**명인밥상 대표** 손승달

2부

# 매출 끌어올리는 반찬 구성 비법

# 1. 삼겹살집의 반찬 구성 비법

# 01

# 삼겹살집의 반찬 구성의 기본은?

대폿집에서 삼겹살을 먹던 시절이 있었다. 이때만 해도 반찬이 별로 없었는데 묵은지, 짠지 그리고 맛소금 정도가 제공되었다. 우리나라 사람들은 언젠가부터 삼겹살 지방의 고소한 맛과 살코기 단백질의 감칠맛에 열광했다. 시대가 바뀌면서 식당에서는 고기를 구워주기 시작했다. 10여 년 전 '하남돼지집'이 대표주자인데, "젓가락 들고 드시기만 하세요."라면서 직원들이 테이블에 붙어서 맛있게 그릴링을 해주었다. 이와 더불어 깻잎장아찌를 주는 다른 곳과 달리 고가의 명이나물장아찌와 국내산 김치를 반찬으로 내놓았다. 고객은 새로운 맛에 빠져들어 갔고, 전국의 잘나가는 삼겹살집에서는 유행처럼 명이나물장아찌와 국내산 김치를 내놓았다.

또 세월이 흐르자 고객들에게 2개 반찬으로 삼겹살을 먹는 게 단순하게 되어 버렸다. 삼겹살집에서는 반찬을 3~5개씩으로 가짓수를 올리기 시작했다. 소비자가 남들과 다른 자기만의 가치와 개성을 추구하기 시작하면서 생긴 일이다. 한식이 '공간 전개형'으로 한상에 여러 개 반찬을 주는 방식이다 보니, 삼겹살집에서 다양한 반찬을 제공하는 게 가능했다. 사실, 세계적으로 고객의 다양한 입맛을 맞춰주는 식당의 문화는 거의 우리나라가 유일하다. 외국의 경우, 소스 한두 가지로 맛이 결정되지만 우리나라는 그렇지 않다. 삼겹살을 먹을 때 소금과 쌈장이 나오는 것과 함께 와사비, 육장, 매운 소스, 멜젓 등이 함께 나온다. 따라서 고객의 다양한 입맛을 맞출 수 있다. 근래에는 '고반식당' 등 고급 삼겹살집이 나타나면서 다양한 반찬을 내주어 고객 니즈에 부합하고 있다. 나물류 한두 가지를 추가하거나 멜젓과 갈치속젓 등을 내놓는 시도를 했는데 고객에게 제대로 먹혀들어갔다. 이제 삼겹살집에서는 적은 수의 반찬을 양 많이 주던 시절을 뒤로 하고, 다양한 반찬을 내주는 시대로 완전히 바뀌어 가고 있다.

"삼겹살집은 어떻게 반찬 구성을 해야 합니까?"

삼겹살집을 하려는 사장님들의 질문이다. 이분들은 여러 개의 반찬을 구성해야 삼겹살집이 잘 된다는 것을 알고 있다. 이 질문에 대한 나의 답은 이렇다.

먼저, 고기를 어떻게 굽느냐에 따라 반찬이 달라진다고 말한다. 냉동삼겹살처럼 팬을 활용해 굽느냐, 아니면 직화 방식으로 숯에 굽느냐에 따라 반찬이 다르다. 팬에 고기를 구우면 돼지기름에 잘 익은 김치와 더불어 콩나물, 고사리, 미나리 등의 나물류를 구워서 먹는다. 이와 달리 숯을 활용해 직화로 구울 때는 고기에 올려 곁들임으로 먹는 반찬들과 소스가 더 다양해야 한다. 요즘, 과거에 유행했던 솥뚜껑삼겹살이 유행인데 솥뚜껑삼겹살집을 하려는 분들에게는 이렇게 짚어드린다.

"김치, 콩나물이 기본인데 철마다 나오는 미나리 같은 나물류를 해 보는 것도 좋습니다."

직화 삼겹살집을 하려는 분들에게는 이렇게 짚어드린다.

"고기 위에 어떤 반찬을 토핑했을 때 가장 맛있는지를 고려해서 반찬을 다양하게 내놓아야 합니다."

다음, 삼겹살집에서 기본적으로 사용하는 반찬 3개를 알려드린다. 김치, 젓갈, 장아찌이다. 김치, 젓갈, 장아찌에 대해서는 다음 장에서부터 순서대로 자세히 소개해드린다. 소금의 경우 과거 삼겹살집에서 특별한 소금이 차별화 포인트가 되기도 했다. 단, 소금의 경우 매장의 특성이나 브랜드의 특성에 맞는 것을 추천하며 시중에 유통되는 대부분의 소금은 크게 변별력이 없다. 이 부분은 나의 개인적인 견해이다. 따라서 본인 매장의 고기와 잘 어울리는 소금이면 그걸로 괜찮다고 생각한다.

참고로 이 3가지의 요소와 더불어 사이드 메뉴인 탄수화물 라인으로 국수, 된장술밥 같은 면류나 밥이 추가되어야 한다. 반찬 이야기는 아니지만 탄수화물을 주식으로 하는 우리나라의 식문화 특성상 고기로 본식이 끝나면 대부분 밥과 면으로 후식 개념을 대체한다.

내가 공부하고 경험한 바로 우리나라 음식의 맛을 결정하는 큰 틀의 2가지 요소는 염(鹽)과 초(醋)다. 바로 짠맛과 신맛이다. 어떤 업종의 식당이든 그 집 메뉴와 반찬 맛을 결정하는 것은 '짜냐? 안 짜냐?'와 '새콤(신맛)하냐? 안 새콤하냐?'이다. '염'과 '초'가 잘 되었다는 것은 곧 간이 잘되었다는 말과 같다. 따라서 간이 안 되었을 때는 이 두 가지를 잘 배합해서 쓰면 된다. 우리나라 사람은 보통 음식을 먹어보고 짭조름하거나 새콤하면 간이 잘 되었다면서 맛있다고 한다. 이와 달리 달거나 쓴 것에 대해서 간이 잘 됐다, 안 됐다는 얘기를 하지 않는다.

이와 마찬가지로 반찬이 간이 잘됐다, 안 됐다를 결정하는 것도 염과 초이다. 반찬의 간은 염과 초로 좌지우지된다. 반찬 수가 엄청나게 많지만 간은 염과 초로 만들어진다. 대표적으로 김치가 그렇다. 김치를 담글 때는 소금을 쓰기에 '염'이고 그다음 숙성하여 발효하기 때문에 '초'이다. 장아찌는 간장, 식초가 들어가는데 젓갈도 염장을 하지만 숙성 발효해서 일부 초가 올라오게 한다. 그래서 한국인의 반찬 입맛을 좌지우지하는 기본적인 베이스는 '염'과 '초'다.

삼겹살 전문점 반찬 시장의 판도를 바꾼 명이나물장아찌

# 02

# 다양한 반찬을 내놓는 '뭉텅'과 '고반식당'

우리나라 사람의 식탁에서 빠지지 않는 반찬 1호가 김치이다. 김치 종류가 많은데 대표적인 김치가 배추김치로 식당에서 제공되는 김치로는 바로 무쳐서 먹는 겉절이, 50~60일 숙성한 잘 익은 김치, 1~3년 숙성한 묵은지 등이 있다. 삼겹살집 상차림에도 당연히 이 김치들이 곁들이 찬으로 올라온다. 개인적인 관점으로 보면, 겉절이는 설렁탕 전문점이나 칼국수 매장 같은 밝은 국물과 탁월하게 잘 어울리며 삼겹살과는 어울림이 많이 부족하다. 겉절이는 고기와 먹기에는 어울림의 '초(醋)'가 부족하기 때문이다. 그래서 봄동 무침이나 파절이 무침을 할 때 필히 새콤하게 초를 올려 신맛의 새콤한 양념을 하는 것이다. 삼겹살집처럼 주메뉴가 고기일 때는 익은 김치가 잘 어울린다. 어느 정도 김치의 산도가 올라와서 새콤할 때 잘 구운 고기와 궁합이 정말 잘 맞는다.

식당에서 주방 직원이 김치를 직접 담그어 고객에게 제공하는 일은 그리 쉽지 않다. 1인당 인건비가 300만 원 이상으로 올라갔고, 또 배추 가격이 어떤 계절에는 금값이 되기 때문이다. 따라서 많은 식당들이 배추김치는 구매해서 쓰고 있는 형편이다. 그런데 삼겹살과 어울리는 익은 김치와 묵은지 단가가 조금 비싸다. 김치 공장에서는 김치를 생산하는데 들어가는 원가 이외에도 창고비와 재고 보유에 대한 비용이 들어가기 때문이다. 사실 맛의 관점에서 보면 삼겹살은 1~3년 숙성한 묵은지보다는 50~60일 숙성한 잘 익은 김치를 사용하는 게 좋다. 묵은지가 아닌 잘 익은 김치를 삼겹살과 먹었을 때 간이 잘 맞는다고 본다. 맛의 차이는 개인적인 견해가 분명히 있으나 너무 새콤하지 않은 적당한 산도와 배추의 아삭함이 남아있어야 고기와 잘 어울리는 편이다.

문제는 잘 익은 김치 단가가 비싸다는 것이다. 그래서 식당에 김치를 납품하는 나는 되도록 국내산 김치를 권장하고 있지만, 비싼 국내산 김치만을 고집하지 않는다. 일부의 매장에는 중국산 김치도 사업적인 측면에서 유통하고 있다. 비용 면에서 우리나라 식당에서는 이제 중국산 김치를 안 쓸래야 안 쓸 수 없는 상황이 되었다. 그런데도 김치 종주국인 우리나라의 고객들은 여전히 중국산 김치에 대한 편견이 많다.

과거에 나는 인천의 한 방앗간에 근무하면서 식당에 식자재 배달 일을 한 적이 있다. 하루는 중국산 김치와 고춧가루 주문이 들어와서, 직접 식당에 배달을 나갔다. 김밥이 주메뉴인 한 칸짜리 작은 식당이었다. 내가 김치 박스를 들고 식당 안으로 들어가자, 여 사장님이 나를 주방 뒤의 창고로 데려가면서 버럭 화를 내셨다.

"박스에 중국산 김치라고 쓰여 있는데 그걸 들고 식당에 들어오면 어떡해?"

나는 정말 머릿속이 하얘졌다. 중국산 김치를 주문하셔서 중국산 김치를 납품한 것뿐인데. 여사장님이 다음부터는 꼭 검정 비닐봉투에 담아서 와야 한다고 말했다. 그 사장님은 중국산 김치를 쓰고 있는 게 부끄러웠던 모양이다. 중국산 김치와 고춧가루를 쓴다는 게 소문이 나서 손님이 떨어질 것이 두려웠기 때문이다. 물론, 식당에 원산지 표기는 잘 해두셨을 것이지만 고객은 사실 원산지 표기판을 잘 체크하지 않는다. 그 사장님은 자기네 식당은 중국산을 쓰지 않는다고 알려지고 싶었던 것이다. 물론 이 식당 사장님의 딜레마를 모르는 게 아니다. 김치와 고춧가루 값이 만만치 않기에 중국산을 쓸 수밖에 없는데 그렇지만 중국산에 대한 자신감이 없었던 것이다.

중국산 김치도 중국에 있는 어떤 회사가 만드느냐에 따라 나무랄 데가 없다고 본다. 정상적인 절차로 수입한 중국산 김치는 나라에서 먹어도 좋다고 인증을 해준 것이기 때문이다. 그렇지만 김치 종주국으로서 우리나라 사람의 김치에 대한 입맛은 모두 전문가 수준이다. 중국산 김치가 우리나라 사람의 까다로운 입맛을 맞추기 쉽지 않을 것이다.

중국산 김치를 즐겨 먹고 있는 나는 식당 사장님들에게 이런 말씀을 드린다.

"중국산 김치 쓰면서 고객을 속이고 싶은 마음에서 자유로워지려면 그냥 대놓고 국산 김치를 사용하고, 우리는 국내산 배추만을 사용하는 매장이라고 크게 광고를 하세요."

우리나라 사람은 김치에 관한 한 전문가이다. 태어나서 죽을 때까지 즐겨 먹는 음식 가운데 하나이므로, 누구나 김치에 대한 높은 입맛을 가지고 있다. 따라서 식당에서는 될 수 있으면 국내산의 좋은 김치를 쓰는 게 맞다.

새로 삼겹살집이 문을 열었다고 하자. 고기 맛과 식당 인테리어, 서비스가 최고인데 반찬으로 내놓은 김치가 맛이 별로인 중국산이라고 하자. 그러면 그 삼겹살집은 맛없는 집으로 치부되고, 고객은 다신 그곳을 찾지 않는다. 중국집도 그렇다. 호텔 셰프 출신의 중국집에서 2만 원 짜리 짜장면을 시켰다고 했을 때, 짜장면은 윤기 흐르고 고기가 듬뿍 들어있지만 단무지가 물컹하다면? 그러면 이 중국집은 맛없는 식당이 되고 만다. 다시 한번 이야기하지만 중국산이 나쁘다는 것이 아니다. 김치는 되도록 맛 체크를 잘해야 하는데, 주메뉴와 어울리는 산도 체크나 아삭함의 궁합 체크가 반드시 필요하다. 그런 점에서 문제가 생기면 바로 소통할 수 있는 국내산 김치가 좋다.

김치 종류에는 겉절이, 잘 익은 김치, 묵은지 등의 배추김치와 함께 특수김치가 있다. 무엇으로 김치를 담그느냐 곧 재료에 따라 많은 특수 김치들이 있다. 갓김치, 대파김치, 쪽파김치, 부추김치, 깍두기, 섞박지 등이 있다.

삼겹살 매장에서는 잘 익은 배추김치와 함께 특수김치를 내놓으면 고기 맛을 더 살릴 수 있다. 대표적으로 파김치를 추천해드린다. 특히 곱창 전문점에서 기름에 구운 대파김치를 곱창 위에 올려서 먹으면 맛이 매우 좋은데, 요즘은 일반 고깃집에서도 대파김치를 많이 이용하고 있다. 특히 녹색의 대파김치와 빨간색 배추김치를 함께 내놓으면 색감이 좋고 맛도 상당히 좋다. 고깃집 '원조부안집'의 시그니처 반찬이 씨앗젓갈과 함께 대파김치다.

대파 김치는 사이즈가 크고 섬유질이 질겨서 특히 이빨 사이에 자주 끼는 불편함이 있었다. 이런 단점을 커버해주는 것이 바로 사이즈가 작고 먹기 편리한 쪽파김치이다. 이 쪽파김치가 곱창은 물론 삼겹살과의 궁합도 매우 좋다. 이와 더불어 신기하게도 짜파게티 같은 인스턴트 짜장 라면과 참 잘 어울려서 젊은 분들 사이에 짜파게티와 쪽파김치를 먹는 게 유행이 되었다. 난 왜 중국요리 프랜차이즈 전문점이 쪽파김치를 사용하지 않는지 이해를 할 수가 없다. 짜장면과는 정말 잘 어울리는 조합인데 말이다. 크게 사랑받고 있는 쪽파김치의 경우 중국산이 많은 편이지만 원산지 표기에서는 자유로운 아이템이다.

내가 자문역할을 해주고 있는 고깃집 '뭉텅'에서는 잘 익은 배추김치와 쪽파김치를 같이 내주고 있다. 내가 프랜차이즈 본사 대표님들에게 반찬으로 적극 추천해 준 것이다. 2년 전쯤 첫 인연으로 뭉텅 두 형제 사장님이 본인들 식당 반찬을 늘려달라고 해서 갔을 때다. 이때는 프랜차이즈를 본격적으로 시작하기 전이다. 막상 가서 먹어보니 상차림이 괜찮았기에 내가 특별히 요구할 게 없었다. 나는 컨설팅 비용을 받지 않겠다고 하고는, 사소한 사항을 몇 개 짚어주었다. 김치의 경우 잘 익은 김치로 내놓고 그와 함께 색깔이 다른 쪽파김치를 쓰면 어떻겠냐, 샐러드로 나오는 감자 양을 추가하면 어떻겠냐, 청국장의 두부를 듬성듬성 크게 썰어주면 어떻겠냐 등의 얘기를 해줬다. 한 달 뒤에 연락이 와서 다시 한번 방문해 달라기에 가봤더니, 내가 말한 대로 거의 완벽하게 바뀌어 있었다.

식당 사장님의 사고가 통상적으로 굉장히 경직되어 있는데, 형제 사장님들이 운영하는 뭉텅은 전혀 달랐다. 사고가 매우 유연했기에 변화를 과감히 할 수 있었다. 그 결과, 뭉텅은 1년 만에 40개 가까이 가맹점이 늘어났다. 여전히 한 달에 한두 번 정도는 나의 강의도 듣고 회의도 하는 자문사로 남아있다.

특히 삼겹살 매장에서 효과 만점인 파김치. '뭉텅'의 기본 상차림

내가 수년전부터 주목했던 식당 중 하나가 '고반식당'이다. 고반식당은 수제 반찬이 정말 많은데, 특히 매번 주문 때마다 무쳐내는 새콤달콤 매콤한 봄동 무침이 참 맛있다. 사실, 고반식당의 경우 봄동 무침은 제철 채소를 기반으로 내어주는 매장도 있는데, 매장의 매뉴얼로 정해져 있어 고객에게는 여간 반가운 일이 아닐 수 없다. 수제 반찬이 많다는 점은 프랜차이즈 가맹점이 대부분이지만 본사에서 끊임없이 노력을 하고 있다는 증거이다. 고반식당 상차림에는 일 년 내내 봄동과 각종 무침이 올라오는데 고객들 반응이 상당히 좋은 듯하다.

또한 고반식당은 다양한 반찬을 고객에게 제공해 주어 같은 삼겹살

한 점을 먹더라도 어떤 반찬과 궁합을 맞추어 먹느냐에 따라 정말 다양한 맛을 고객에게 제공한다.

고기 먹는 즐거움을 배가시키는 다양하고 신선한 조연반찬들. '고반식당'의 상차림

요즘은 삼겹살집 같은 고깃집에서 차츰 상추 소비가 줄어들고 있다. 그 이유가 식당 사장님들이 여름만 되면 고기 원가보다 상추 원가가 비싸져서 식탁 위에 안 올린 이유도 있지만 더 나아가서 생각해보면 최근 상차림의 경우 고객에게 제공하는 반찬들이 정말 많이 다양화되고 있어서 고객들이 상추 쌈을 덜 먹게 되는 이유도 한몫을 한다. 특히, 잘 익은 김치와 함께 쪽파김치 같은 다양한 특수 김치들을 내놓고,

파절이나 봄동무침 같은 신맛과 매콤함이 잘 어우러진 야채들이 많아 고객들은 쌈을 덜 먹게 되는 것이다. 삼겹살집에서 그만큼 다양한 김치, 또한 제철 야채를 버무려 내는 반찬들의 영향력 또한 매우 커지고 있다.

# 03

# 특조연 젓갈로 차별화하라

삼겹살집 상차림에서 젓갈은 조연 중의 조연 특조연의 역할을 한다. 통상적으로 젓갈은 짜고 건강에 안 좋다는 인식이 강하지만 소량을 먹는 것은 사실 별 문제가 되지 않는다. 이와 함께 명란젓, 낙지젓, 어리굴젓 같은 고가의 젓갈은 진짜 맛있어서 밥 두 공기를 먹는다는 분이 많다. 특히 삼겹살 전문점에서는 김치, 장아찌가 아닌 젓갈로 다른 식당과 차별화를 할 수 있다.

삼겹살을 주메뉴로 판매하는 식당 외에 일반 식당에서는 새우젓갈과 오징어젓갈을 많이 사용해왔다. 지금도 어느 고깃집에 가면 새우젓의 물기를 꼭 짜서 고춧가루, 대파 등과 함께 무쳐서 내놓는데 고기 위에 올려 먹으면 맛이 엄청나게 좋다. 물기를 빼서 새우젓만 있기 때문에 맛이 없을 수 없다. 그런데 요즘은 새우 가격이 비싸져서 이렇게 새우젓을 내놓는 곳이 많지 않다. 심지어 새우젓에 물을 타고 소금과 조미료를 넣어 '새우젓 물'을 제공하는 식당이 많아졌다.

오징어젓갈은 우리나라에 급식문화가 정착된 이후 염도 있는 반찬으로 내놓기 시작하면서 대중화되었고, 이후 식당에서도 많이 내놓기 시작했다. 밥이라는 탄수화물이 주식인 한식의 특성도 어느 정도 반영된 반찬의 한가지이다. 식당에서 반찬으로 오징어젓갈을 내놓은 것은 생각보다 오래되지 않았다. 대부분 오징어젓갈에 쓰이는 대왕오징어는 남미 페루 연안에서 잡아서 값싸게 수입한 것으로 부피감이 있고, 쫄깃쫄깃한 식감이 좋다. 삼겹살과 오징어젓갈 궁합도 생각보다 좋다. 하지만 이런 오징어가 어느 때부터인가 품귀현상이 나타났다. 오징어도 금값인 시대를 살고 있다.

근래에는 삼겹살 전문점에서 특수젓갈로 멜젓과 갈치속젓이 유행하고 있다. 멜젓은 멸치멜젓이라고도 하는데 일반 젓갈처럼 원재료의 식감이 남아있는 젓갈이 아니라 멸치 원물을 갈아서 만든 액체성 젓갈을 말한다. 제주도나 추자도, 남해안에서 잡은 멸치로 멜젓을 담근다. 제주도의 고깃집에 가면, 스테인리스 컵에 멜젓을 넣은 후 마늘, 청양고추를 넣고 소주를 살짝 부어 불판에 끓여서 삼겹살과 함께 먹는다. 이렇게 먹어야 멸치의 비린내가 나지 않고 그 감칠맛이 좋다. 기본적으로 젓갈에 글루탐산나트륨이 포함되어 있는데, 이는 곧 천연 조미료인 멸치의 특성이기도 하다. 조미료인 MSG(Mono Sodium Glutamat)의 핵심은 글루탐산에 나트륨 이온 하나가 붙은 것이다. 그래서 엄청나게 감칠맛이 폭발한다. 그럼에도 불구하고 액체인 멜젓에 대한 소비자의 호불호가 늘 존재한다.

갈치속젓은 멜젓과 달리 점도가 높다. 갈치속젓은 남도 지방에서 유행을 했는데 최근에는 보통 풀치라는 새끼 갈치를 잡은 후 갈아서 만든 것으로 흔히 갈치속젓 쌈장이라고도 한다. 내가 식당에 유통할 때는 '젓갈쌈장'이라고 하는데 쌈장처럼 푹 찍어서 먹기 좋게 되어 있기 때문이다. 유명한 식당들에서는 이 갈치속젓을 활용한 젓갈 볶음밥이 후식 메뉴로 자리 잡고 있기도 하다.

경쟁이 치열한 삼겹살집에서 차별화할 수 있는 반찬 중 하나가 바로 젓갈이다. 그렇다면 누구나 쓰는 젓갈이 아닌 특별한 젓갈을 쓴다면 더 강력한 차별화가 되지 않을까? 실제로 3개 고가의 젓갈인 어리굴젓, 명란젓, 낙지젓을 사용하여, 유명세를 타고 있는 식당들이 있다. 고가 젓갈을 상용하는 것이 부담이 되는 사장님에게는 맛보기 반찬으로 제공한 후에 추가하면 비용을 받는 전략을 권장해드린다. 최근 유행하는 몇 가지 젓갈류에 대해서 알아보자

내가 유통하는 어리굴젓은 합정동에 위치한 '천이오겹살'에서 처음 시도를 했고 그 이후로 크게 유행이 되었다. 구하기 힘들어서 식당에서

쉽게 내놓지 못하는 게 어리굴젓인데 지금은 어리굴젓을 반찬으로 내놓는 식당이 많아졌다. 삼겹살집은 물론 보쌈집, 족발집, 국밥집에서도 어리굴젓을 사용하고 있다. 어리굴젓 1kg이 1만 원 정도 하는 꼴인데 나는 한 달에 약 5톤 곧 대략 잡아도 5천만 원어치를 식당에 팔고 있는 셈이다. 어리굴젓은 특히 돼지고기와의 페어링이 정말 끝내준다.

어리굴젓은 매우 예민해서 특별히 제조와 유통에 신경을 쓰고 있다. 급랭으로 보관한 국내산 생굴을 수시로 해동 후에 무쳐서 곧바로 배송하고 있다. 공식적인 유효기간은 3~4개월이지만 그때그때 바로 사용하는 것을 권장하고 있다. 요즘은 한여름에도 어리굴젓을 맛볼 수 있게 되었으며, 심지어 여러 나라에 수출도 하고 있다.

명란젓은 좋은 고기의 토핑용 젓갈이다. 근래 우리나라 사람들이 꽤 명란젓을 좋아하고 있다. 우리나라 사람들이 최근 엔저 현상으로 일본 여행을 많이 하는데 특히 후쿠오카 지역의 명물이 일본어 멘타이코(明太子) 곧 명란젓이다. 후쿠오카 지역에 여행을 가면 어느 식당을 가더라도 명란젓을 맛보는 일이 많다.

이 영향을 받아서인지 요즘 우리나라 식당에서 명란젓을 내놓는 시도가 차츰 늘어나고 있다. 고가여서 쓰기가 힘들지만 고기와의 궁합이 매우 좋다. 또한 명란젓은 그 자체로 구워내면 명란 구이 같은 단독 요리가 되기도 한다. 내 개인적 견해로는 특히 한우와 궁합이 정말 좋다. 거기에 명란젓은 그저 갓 지은 밥 위에 뚝딱 올려 먹는 반찬의 역할만으로도 훌륭한 음식이다.

명란젓 하나만 반찬으로 제공할 때는 명란 위에 참기름을 살짝 두르고, 편 대파, 편 마늘 등을 옆에 세팅하면 고급 요리가 될 수 있다. 명란젓은 고기는 물론 고깃집 후식 탄수화물 라인의 두부명란젓국에 들어가면 맑은 국물 요리를 낼 수도 있다. 역시 문제는 고가의 비용이다.

후쿠오카 지역에서 유료 반찬으로 제공되는 멘타이코

명란젓을 기본으로 내놓는 망원역 근처의 구이집이 있다. 오이 명란젓과 명란두부탕을 무료로 주고 있다. 오이명란젓은 한 접시에 오이, 명란젓, 마요네즈가 나오는데 이자카야에서처럼 오이 위에 명란젓, 마요네즈를 올려서 먹는다. 이와 함께 명란두부탕이 나오는데, 추가 주문 시 12,000원을 받는다. 이곳은 만 오천 원짜리 메뉴를 팔면서 한 줄에 1~2천 원 하는 고가의 명란을 기본 찬으로 내놓고 있는 셈이다.

이 구이집에서는 고객이 기다리는 시간을 배려하여 명란젓 반찬을 내놓고 있다. 고기를 굽는 동안 고객은 명란젓을 맛보다가 소주 한 병을 비우는 게 예사다. 비싸서 무료로 내놓기 힘든 명란젓을 이렇게 과감하게 손님에게 서비스로 내놓을 수 있었기 때문에 이 식당은 크게 성황을 이루고 있다. 다른 식당에서도 이를 벤치마킹하여, 기본으로 명란젓을 내놓고 추가 시 비용을 받는 전략으로 차별화하는 것이 좋을 것이다.

구이집에 제공되는 기본반찬 명란젓은 맛보기 메뉴의 장점을 잘 살렸다.

씨앗젓갈은 내가 개발한 젓갈이 아니다. 이 젓갈은 사실 최초에 저염의 젓갈을 표방하며 일반 소비자용으로 개발되었는데, 이것을 내가 식당으로 옮겼을 뿐이다. 요즘 고깃집에서 인기가 있다. 이 젓갈은 청어알, 날치알 등을 기본 베이스로 몸에 좋은 해바라기씨, 참깨, 흑임자, 검정깨 등이 첨가되었다. 씨앗젓갈 역시 우리 회사가 식당에 제일 많이 유통하고 있는 제품 중의 하나이다. 특히 어느 고깃집은 씨앗젓갈 볶음밥이나 비빔밥으로 메뉴를 확장하기도 하는데 반응이 꽤 좋다. 잘 익은 돼지고기 한 점 위에 씨앗젓갈을 올리면 감칠맛이 폭발한다.

B2C 유통 목적으로 대부분 제조되었으나 지금은 식당에서 많이 사용되는 씨앗젓갈

# 04

# 조조연 역할을 하는 장아찌

삼겹살집 상차림에서 반찬으로 흔하게 나오는 게 장아찌다. 김치가 조연이라면, 장아찌는 조조연이다. 김치가 조연이므로 삼겹살 매장에서는 절대 빠지면 안 되지만, 장아찌는 조조연이므로 있어도 그만 없어도 그만이지만 없으면 먹는 재미가 반감이 된다. 장아찌 중에서 제일 보기 쉽고 저렴하게 시중에 유통되는 제품으로는 깻잎장아찌가 있다. 삼겹살집을 중심으로 고깃집에서 많이 나오는 장아찌도 깻잎장아찌였다.

우리나라의 채소류가 다 그렇지만 깻잎도 꽤 비싸다. 비닐하우스로 재배를 하는데 수요를 좇아가지 못하는 실정이다 보니 가격이 비쌀 수밖에 없다. 그런데도 식당 상차림에서 깻잎장아찌가 많이 나오는 이유는 중국산을 수입하기 때문이다. 우리나라 사람이 고수를 잘 먹지 않듯이 중국인은 깻잎을 그렇게 선호하지 않는다. 사실, 깻잎은 전 세계적으로 유일하게 우리나라만 먹는 식재료 중 하나이다. 중국에서는 늘 깻잎이 남아도는데 이것을 수입하고 있다. 그래서 삼겹살집 상차림에 깻잎장아찌가 흔하게 올라오고 있다.

삼겹살집 전문점에서 제공하는 깻잎장아찌는 양파장아찌와 함께 고기와 잘 어울린다. 장아찌는 간장 위주의 소스에 식초를 겸비한 야채 절임인데 이것과 고기를 함께 먹을 때 감칠맛이 더 살아난다. 또한 입안도 개운해진다. 특히, 고기의 누린내를 중화시키는 역할을 톡톡히 한다. 우리나라 사람들은 오랫동안 깻잎장아찌, 양파장아찌와 함께 삼겹살을 먹어왔다. 마치 짜장면을 단무지, 양파와 함께 먹듯이 말이다. 늘 그렇지만 고객의 입맛은 변화하고 그 변화를 앞서가는 브랜드가 성공하는 법이다.

대한민국 절임류의 한 획을 그은 브랜드라고 하면 단연코 '하남돼지집'이다. 하남돼지집은 명이나물장아찌를 기본 반찬으로 내어주었다. 명이나물장아찌는 사실 고가의 제품인데 국내산도 수입산도 모두 비싼 편이다. 비용 면에서 리스크가 있었지만, 최고의 맛을 위해 하남돼지집은 과감한 시도를 했다고 생각한다. 사실 이때부터가 우리나라 삼겹살집의 상차림이 고급화 작업이 시작된 계기라 본다. 삼겹살 전문점에서는 이때부터 양파, 마늘, 깻잎 등의 기본 장아찌 말고 다른 장아찌를 찾기 시작했다. 이게 벌써 10여 년 전의 일이다.

근래 식당에서 새로운 장아찌를 요구하는 시장이 형성되자, 나는 쪽파절임을 내놓았다. 쪽파로 절임을 만들어서 식당 상차림에 올린 것이 내가 거의 처음이었다. 물론, 지역의 누군가는 직접 만들어서 고객에게 제공했겠지만, 양산작업은 내가 최초였다. 쪽파절임은 고깃집 브랜드 '고기원칙'에 들어가면서 좋은 반응을 얻었다. 명이나물장아찌와 깻잎장아찌, 양파장아찌가 기본 장아찌라고 한다면, 요즘은 정말 특별한 재료로 만든 특수 장아찌들이 많이 유행하고 있다. 돼지감자장아찌, 방풍나물장아찌, 고추채장아찌, (여수돌산)갓장아찌, 마늘쫑채장아찌, 알타리장아찌, 샐러리장아찌 등이 대표적이다. 고객들은 귀신같이 이 장아찌의 맛을 알아보고 있는데, 식당에서 이런 장아찌를 계절과 메뉴별로 디스플레이를 한다면 고급스러운 느낌을 확실히 줄 수 있다.

"절임류 플레이팅 할 때 접시 위에 한 가지 장아찌만 제공하지는 마세요."

삼겹살집에서 상차림으로 장아찌를 내놓을 때, 내가 강조하는 말이다. 장아찌로 상차림을 할 때는 특정 장아찌 한 가지로 지나치게 쏠리지 않는 게 좋다. 접시 위에 세 개 정도의 장아찌를 함께 플레이팅(Plating)하는 것이 나름 유익하다. 그 이유는 야채류는 늘 국내산이든 수입이든 가격에 매우 민감하기 때문이다. 그래서 특별하게 명이나물장아찌 하나를 내놓다가 갑자기 작황이 안 좋아 가격이 크게 뛰어오르면 더 이상 반찬으로 내놓기 힘들어진다. 명이나물은 봄기운이 완연해지는 4~5월에 1년 치 잎을 따서 보관하는데 기후 악화로 많이 자라지 못하면 엄청나게 가격이 폭등하곤 한다. 그러면 명이나물장아찌 하나를 내놓던 식당에서는 비용 부담으로 내놓지 못하게 되어 상차림에 악영향을 미치게 된다. 물론 뚝심 있게 1년을 버틸 자신이 있으면 정말 좋겠지만 우리는 늘 원가 구조를 생각해야 한다.

명이나물로 특화된 식당에 자주 가는 고객이 어느 날 갑자기 그 식당에서 명이나물장아찌가 나오지 않는 걸 알아차린다고 하자. 명이나물의 별미 때문에 그 식당을 찾았던 건 아니었지만 막상 그것이 상 위에 올라오지 않는다면 그렇게 간단한 문제가 아니다. 고객에게는 그 식당을 찾아가야 할 이유 한 가지 정도가 없어지게 되기 때문이다.

이런 문제를 방지하기 위해서는 장아찌를 최소한 한 접시에 세 가지 정도의 모둠으로 내놓는 것이 바람직하다. 명이나물이로 특화된 식당에서는 그것과 함께 돼지감자장아찌, 고추채장아찌 정도를 제공해 주는 게 한 방법이다. 그러면 명이나물 가격이 크게 오를 때, 양을 줄이거나 깻잎장아찌처럼 다른 장아찌로 한동안 교체할 수 있다. 고객도 장아찌의 반찬 구성이 달라진 것에 대한 거부감이 없어진다.

삽겹살집에서 장아찌는 조조연 역할을 하므로 그 존재 가치가 생각보다는 미미하다. 어느 날 갑자기 상차림에서 사라져도 잘 모르는 경우가 많다. 하지만 미식 문화가 발달된 요즘의 고객은 장아찌 하나까지 민감하게 반응하는 일이 있다. 그래서 삽겹살집은 세 가지 정도의 모듬으로 내놓는 것이 좋지만 식당 사장님이 세 개 정도의 장아찌를 따로 구입한 후에 한 접시에 내주는 일은 번거로운 일이다.

이런 사장님들의 수고를 덜어주기 위해 나는 모둠 장아찌를 별도로 만들어서 유통하고 있다. 현재, 김본모듬장아찌라는 제품이 식당에 납품이 되고 있는데 우리나라 사람들이 좋아하는 장아찌 다섯 가지를 다 모아 넣었다. 무, 상추, 목이버섯, 고추, 초석잠 등이 들어가 있다. 식당에서는 간편하게 국자로 퍼서 내놓으면 된다. 실제로 이 모둠 장아찌를 출시하자 식당 사장님들이 일손을 덜고 또 고객이 만족해서 좋다는 반응을 보이고 있다.

식당 반찬 공급자 입장에서도 재료가 5가지이다 보니 재료값 상승에 큰 영향을 받지 않는다. 어느 재료 가격이 인상하면 그것의 양을 줄이고 다른 것을 늘리는 식으로 대처할 수 있기 때문이다. 물론 재료들의 고형량이 변화될 때는 식당 사장님들께 미리 사전 공지를 해드린다. 김본모듬장아찌는 고객과 식당 사장님에게도 좋으며, 또한 공급자인 나에게도 재료값 인상에 대한 부담을 어느 정도 해소해주는 메뉴다.

장아찌의 가장 큰 특징 중 하나는 고기 메뉴를 더 많이 먹을 수 있도록 입 속 리프레쉬 작용을 해주는 데 있다. 그러니 잘 세팅한 장아찌는 고기 1인분 추가를 부르는 반찬 중 하나라 해도 손색이 없다.

특히 고기와 잘 어울리는 장아찌는 상차림의 특별한 조연이 되곤 한다.

## 단지FnB를 말한다 4

### 늘 자존감을 높여주셔서 장사하는 데 큰 도움을 주시는 대표님

2018년도 소바와 만두를 판매하는 프랜차이즈 가맹점을 운영하다 본사의 부실로 운영을 그만두게 되었습니다. 창업에 들어간 돈이 2억 가까이 되었는데 정말 죽고 싶은 심정이었습니다. 그때 친구의 소개로 김정덕 대표님을 처음 만나게 되었습니다. 정말 절망적인 상황에서 지푸라기라도 잡는 심정으로 대표님을 만나서 앞으로의 방향성에 대해 조언을 받고 싶었습니다. 첫날 대표님과 4시간 넘게 여러 가지 상담 끝에 기존 매장을 최소의 비용을 투자해 냉동 삼겹살 매장으로 바꾸기로 하고 그에 대한 준비를 시작했습니다. 그때 제가 가지고 있던 돈이 채 2천만 원도 안 되었습니다. 정말 여러 가지로 도움을 많이 받았습니다. 철거업체, 주방업체, 인테리어 업체 등을 전부 저렴하게 소개해 주셨습니다.

기존 매장을 철거하기 전에 저희 어머니께서 감사의 표시로 매장에서 김정덕 대표님에게 밥을 해드렸는데, 그때 메뉴가 우리 어머니께서 잘하시던 청국장이었습니다. 대표님께서는 몇 숟가락 드시다가 냉삼과 청국장을 시그니처 메뉴로 잡으면 되겠다면서 적극 추천해 주셨습니다. 지금도 우리 매장은 청국장이 엄청나게 많이 판매되고 있습니다.

광고도 없이 오픈하고 3일 차부터 웨이팅이 되었고 2주 만에 테이블 10개로 일 매출 200만 원 가까이 달성했습니다. 월평균 4천만 원 이상을 기록하며 순항하던 중 코로나가 닥쳤습니다. 그때 다시 한번 김정덕 대표님을 찾아갔습니다. 솔직히 우리 매장은 김정덕 대표님의 반찬 사용량이 미미합니다. 그도 그럴 것이 어머니께서 직접 대부분을 만드시기 때문인데, 그럼에도 불구하고 늘 제가 전화하거나 미팅을 잡으면 제게 친절하게 이것저것 잘 알려주셨습니다. 이렇듯 제게는 김 대표님이 성말 큰 힘이 되었습니다. 늘 제게 하셨던 말씀이 공산품 빼고는 어머니 손맛이 좋으니 되도록 어머님 반찬을 사용하라 조언해 주셨습니다.

지금이야 김치, 쌈장, 젓갈류 등 김 대표님의 반찬을 사용하고 있는데 만들기 어렵고 맛 유지 어려운 부분을 잘 해결하니 어머니 일손도 많이 줄어들었습니다.

제가 1년 전 송도 트리플스트리트에 2호점 오픈을 할 때도 상권과 마케팅에 대해서 많은 도움을 받았습니다. 또한 대표님의 조언에 힘입어 국내산 냉삼 매장으로는 빠르게 버크셔 K를 도입하기 도 했습니다. 늘 자신 없는 제게 자존감을 높여주셔서 장사하는 데 정말 큰 힘이 되고 있습니다. 오픈 초기부터 주위에서 가맹사업 제안을 많이 받았지만 김정덕 대표님 말씀대로 부실한 가맹 본사보다는 탄탄한 지역 브랜드로 성장하기 위해 열심히 노력하고 있습니다. 이번 기회를 통해 어떤 시련도 견딜 수 있는 매장을 만드는 데 큰 힘을 주신 대표님께 다시 한번 감사의 말씀을 드립니다.

**참피온삼겹살 대표** 최광훈

냉동 삼겹살 상차림은 보통 오봉 쟁반을 활용한다. '참피온삼겹살'의 기본 상차림

# 2. 보쌈집과 족발집의 반찬 구성 비법

# 01

# 5개 반찬으로 보쌈 맛을 끌어올린 '오봉집'

대체로 삼겹살과 달리 굽지 않고 삶아 내는 보쌈은 건강에 좋다는 이미지가 있다. 5만여 개에 달하는 고깃집의 숫자가 말하듯 삼겹살은 맛에 대한 식감이 엄청나다. 이와 달리 1만여 개의 보쌈집(족발집 포함)은 건강에 좋다는 이미지가 강한 편이다. 한두 시간 삶으면서 기름을 빼내어 포화지방산과 콜레스테롤이 비교적 적다고 생각하기 때문에 그렇다. 실제로도 그렇다.

창업의 관점에서 볼 때 보쌈집 매출은 한번 자리를 잘 잡게 되면 나름대로 안정적이다. 삼겹살 시장만큼 크게 유행을 타지는 않지만 꾸준하게 고객의 니즈가 있는데 나름대로 매출의 편차가 적고 꾸준한 편이다. 요즘처럼 불황기에 해볼 만한 아이템 중의 하나이다.

최근에 가파르게 성장한 브랜드 중에 오봉에 반찬을 다양하게 주는 '오봉집'이 있다. 원래 족발집으로 가맹점이 30여 개 정도 있었는데, 예전에 안광선 대표가 새로 보쌈집 브랜드를 만든다며 전화를 줬다.

"형님, 제가 족발에 대한 이해도가 있어서 새로운 보쌈 브랜드를 하나 하고 싶습니다. 형님이 반찬을 좀 제공해 주세요."

이미 족발집 브랜드를 경험했기 때문에 맛에 대한 보완이나 기획이 잘되면 장사가 잘되리라 봤다. 그때 내가 보쌈김치와 어리굴젓 정도를 제공하는 스타일로 하면 괜찮게 되지 않겠냐고 제안했다. 이에 안 대표가 답을 했다.

"저희가 구상한 이번 오봉집의 콘셉트는 보쌈과 함께 낙지볶음을 판매하는 것입니다. 여기에 잘 어울리는 반찬이 필요합니다."

원 플러스 원(1+1) 전략을 정말 잘 생각해냈다. 솔직히 오봉집이 한참 매장 수를 늘릴 때 많은 외식업 관련 종사자들이 내게 왜 오봉집이 잘되느냐고 엄청나게 질문을 했던 기억이 있다. 고객이 보쌈을 먹으러 가서 낙지볶음까지 맛보게 한 것은 탁월한 아이디어였다. 이미 존재하는 아이템을 어떻게 배치하느냐에 따라 결과물은 하늘과 땅 차이다.

나는 이런 전략을 투 트랙(two track) 전략이라고도 부른다. 메밀국수집에서 메밀국수와 만두를 판다든지, 만두 전문점에서 만두와 칼국수 또는 만두와 냉모밀을 판매하는 것이 대표적 투트랙 전략이며 곧 원 플러스 원 전략이다. 보쌈은 담백하고 부드러운 식감의 맛이고, 낙지볶음은 강하고 칼칼한 맛이라 하나는 약하고 하나는 강해서 서로 잘 어울리겠다고 예상했다.

당시, 안 대표가 고민했던 것이 반찬 구성이었고, 내가 유통하는 반찬이 필요했을 터였다. 그때까지만 해도 냉삼 브랜드의 전유물이었던 오봉 위에 보쌈과 낙지볶음과 어울리는 반찬을 채워주는 게 내 역할이었다.

식당에 찾아가 보니, 안 대표는 보쌈, 낙지볶음에 기본 반찬으로 보쌈김치와 미역국 등을 이미 세팅시켜 놓았다. 이미 강력한 메인 아이템 여러 가지가 정해져 있었다. 어느 하나 빠지면 안 될 것이었는데 강렬한 인상을 피할 수 없었다. 안 대표 식당에 어리굴젓을 얘기했지만 초창기에는 채택되지 않았다. 어리굴젓의 경우 보쌈수육과의 페어링이 끝내준다. 굴과 고기를 함께 먹으면 신기하게도 정말 맛이 난다. 굴젓이 갖고 있는 글루탐산과 돼지고기가 갖고 있는 아미노산의 하나인 이노신산이 잘 어울리기 때문이다.

나는 정형화된 반찬 세팅보다는 지역이나 시간대별로 알아서 반찬을 세팅하는 것이 좋다고 봤다. 안 대표에게 백김치, 간장 고추, 고추 장아찌, 깻잎무침, 무말랭이 등 10가지 반찬을 샘플링할 테니 거기서 매장마다 맞는 걸로 5개를 세팅하라고 컨설팅해주었다.

같은 브랜드의 매장이라 할지라도 상권마다, 특히 지방마다 반찬에 대한 선호도가 다르다. 전라도에 갔더니 매콤한 양념 고추를 좋아하는데 서울 사람들은 백김치를 좋아할 수 있는 것처럼 선호도의 차이가 분명히 존재한다. 선호도의 차이는 식사를 끝낸 고객 잔반의 양을 보면 정확히 알 수 있다. 오봉집 직영점에서 잔반량을 체크했다. 이를 토대로 어느 매장에는 간장고추를 내놓고, 어느 매장에는 백김치를 내놓는 식으로 반찬 5개를 순환해서 사용하도록 세팅했다. 그래도 낙지볶음의 특성상 백김치는 되도록 세팅을 모두 하도록 조언해 주었다. 그 결과 쓸데없이 많은 반찬이 허비되는 일이 없었고, 반찬을 공급하는 우리 회사에서는 꼭 필요한 반찬만을 오봉집에 공급해주었다. 현재, 오봉집의 반찬은 상권과 지방에 상관없이 거의 비슷해졌다.

2024년 '오봉집'은 계약 기준 가맹점 300개를 돌파했다. 최근 몇 년간을 뒤돌아보면 가장 성공한 한식 브랜드 중에 하나로 꼽힌다. 오봉집이 큰 성공을 거둘 수 있었던 것은 무엇보다 합리적인 가격으로 보쌈과 함께 낙지볶음을 투 트랙 전략으로 고객에게 제공한 것이다. 처음 오봉집에서 이 시도를 할 때만 해도 대중적인 메뉴 2개를 내놓은 것이 성공할지 아무도 장담하지 못했다. 하지만 막상 두 가지 메뉴를 합쳐서 오봉에 여러 가지 반찬과 함께 차려보니, 고객의 반응이 정말 남달랐다. 보쌈처럼 부들부들한 육고기를 좋아하는 취향과 낙지볶음처럼 매콤하고 쫄깃한 낙지를 좋아하는 취향 둘을 합쳐보니 상당히 괜찮았다. 여기에 오봉에 푸짐하게 내놓은 반찬이 그 맛을 크게 끌어 올려주었다. 오봉집은 세트 메뉴에 보쌈과 어울리는 막국수도 내어주고 있다.

반찬의 측면에서 오봉집의 성공 요소는 여러 종류의 반찬을 순환시켜 사용했다는 것이다. 다른 식당의 경우 여러 종류의 반찬 중 특정 반찬을 세팅했더니 대박이 나기도 했다. 오봉집의 경우 한식 개념으로 다양한 종류의 반찬을 마치 집 반찬처럼 오봉에 차려줬기에 고객들이 만족스러워했다. 사실, 이와 같은 반찬 세팅법은 일반 식당에서 쉽게 따라 하기에는 재고관리 측면 등으로 봐서는 쉬운 게 아니다.

안광선 대표의 반찬에 대한 관심과 욕심은 아직도 현재진행형이다. 새로 나온 반찬이 있을 때마다 샘플을 보내 달라 요청하고 오봉집 메뉴와 어울리는지 늘 테스트를 하는 편이다. 가끔은 소문난 잘되는 식당을 방문할 때 나를 데리고 가서 이런저런 반찬을 맛보게 한 뒤 그것을 만들어 달라고 요청하기도 한다. 왜 오봉집이 잘되는지 이해가 가고도 남을 것이다. 안광선 대표는 주메뉴와 함께 반찬에 대한 지속적인 품질 향상을 해오고 있는데 이것이 오봉집의 성장 동력이다. 안광선 대표는 말한다.

"가맹점 수가 크게 늘어도 질적 향상이 뒷받침되지 않으면 지속 성장은 어렵습니다. 질의 증가를 담보하기 위해 R&D 부문을 적극 활성화하고 있습니다. 이를 통해 좋은 메뉴가 있다면 추가할 것이고 기존 메뉴도 늘 리뉴얼을 단행할 계획입니다. 오봉집 정체성의 기본 틀은 유지하되 '그 밥에 그 나물'을 내놓지 않을 것입니다."

오봉집 성공 요소가 수도 없이 많겠지만, 나는 반찬 관련된 이야기에만 집중했다. 일본 진출까지 이끌어 내면서 한식 세계화에 앞장서고 있는데, 앞으로의 행보가 정말 기대가 되는 브랜드이다. 그 브랜드를 이끌고 있는 안광선 대표 이하 임직원분들과 오봉집 점주님들에게 큰 응원을 보낸다.

'오봉집'은 다양한 반찬을 순환 구조로 사용하고 있다.

# 02

# 보쌈과 어울리는 보쌈김치와 백김치

보쌈의 고기 곧 수육은 돼지의 어느 부위도 상관없지만 주로 전지, 삼겹, 목살 부위 등을 사용한다. 때때로 '오봉집'이나 '족발신선생'에서처럼 가브리살 등을 사용하기도 한다. 보쌈은 족발과 견주어 보면 나름 비싼 편인데 그 이유는 주로 사용하는 부위인 삼겹살이 앞다리살보다 비싸고 보쌈김치의 비용이 포함되기 때문이다. 보쌈을 먹을 때 대중이 선호하는 반찬은 대표적으로 보쌈김치, 백김치, 보쌈무김치, 장아찌, 새우젓 등이 있다. 여기에서는 제일 선호도가 높은 보쌈김치와 백김치에 대해 알아보자.

보쌈집에서는 새콤함의 '초'보다는 양념의 맛이 중요해서 싱싱한 맛의 보쌈김치를 내놓고 있다. 보쌈집의 경우 수육과 보쌈김치가 절묘하게 잘 어울린다. 보통 수육은 조리과정에서 돼지 특유의 냄새를 잡아내는 것에 신경을 쓰면서 푹 삶는다. 또한, 간이 세지 않아 조리된 수육 자체만으로는 그냥 먹지 않는 편이다. 보쌈 수육과 어울림이 가장 좋은 짠맛의 '염'은 바로 새우젓이다. 이노신산 베이스의 돼지고기 수육에는 글루탐산이 포함된 젓갈과 함께 먹어야 감칠맛이 제대로 나온다. 그래서 보쌈집에서 수육을 먹을 때 새우젓과 함께 곁들여 먹는 것이다. 또한, 새우젓에는 지방이나 단백질 분해효소가 있어 돼지고기와 먹으면 소화가 잘되게 도와주기도 한다. 정말 우리 조상의 지혜를 엿볼 수 있는 음식의 궁합이다.

보쌈김치는 새우젓 다음으로 어울리는 단짝이다. 보쌈김치는 갓 담근 겉절이 같은 배추김치인데 갖은 양념으로 단맛과 매운맛을 강하게 한 것이다. 통상적 양념이 들어간 배추김치는 시간이 지날수록 숙성이 되는데 그 김치는 수육과 어울림이 별로이다. 물론, 잘 익은 김치가 수육과 안 어울리는 것은 아니다. 개인적인 취향으로 말하면, 나는 가끔 숙성 김치에 수육을 싸서 먹기도 한다. 나는 정말 잘 익은 김장 김치를 보면 역으로 잘 삶아진 수육이 생각날 때도 많다. 그렇지만 보쌈 수육은 갓 담근 배추김치와의 조합이 최고다. 그래서 오래전부터 김장 담글 때면 수육을 삶는 것이다.

보쌈김치에 들어가는 무채는 일반 포기김치와 달리 두툼한 편이다.

씹는 식감을 극대화하기 위해서이다. 실제로 배추에 얇은 무채가 들어간 일반 배추김치를 수육에 싸 먹어보면 제대로 된 보쌈김치와 함께 먹을 때보다 그 맛이 떨어진다. 보쌈김치는 세 가지 특징을 가지고 있다.

1. 신선함
2. 강한 맛의 달고 매콤한 양념
3. 속으로 사용되는 두툼한 무생채

백김치도 빼놓을 수 없는데 보쌈과 잘 어울린다. 이런 이야기를 하면 잘 납득 못하는 경우가 많지만, 내가 족발집이나 보쌈집 브랜드에 납품하는 많은 양의 백김치를 보면 백김치가 보쌈과 얼마나 잘 어울리는지 확인할 수 있다. 오봉집의 경우, 보쌈이나 낙지볶음을 먹고 나면 입안의 돼지고기의 느끼함이나 낙지볶음의 매콤한 양념 등의 잔존감이 생기는데, 이것을 씻겨내는 소위 리프레시 해수는 반찬이 필요하다. 보통은 피클류, 물김치가 그 역할을 하는데, 오봉집에서는 백김치가 낙지볶음의 매콤함을 리프레시해주고 있다.

모든 김치 공장이 그런 것은 아니겠지만 예전 김치 공장들은 당일 포기김치, 묵은지, 백김치 등을 모두 담글 경우 가장 신선한 배추로 만들어내는 것이 백김치라 말하기도 했다. 직관적으로 배추의 상태가 보이기 때문에 백김치는 신선한 배추 원물로 만들 수밖에 없다.

보쌈집이나 족발집의 경우, 느끼한 내 입속을 리프레시해 줄 수 있는 반찬으로 백김치를 내놓으면 효과 만점이다. 다른 곳에서는 굳이 백김치까지 내놓는 수고를 하지 않을 때, 우리 식당만이라도 백김치를 내놓는다면 '신의 한수'가 될 수가 있다.

보쌈김치와 백김치는 수육과 어울림이 정말 좋은 김치 아이템이다. '오봉집'의 시그니쳐 메뉴 오봉스페셜

# 03

# 어리굴젓 프리미엄 전략의 '족발신선생'

창업의 관점에서 볼 때, 족발집과 보쌈집이 오래 살아남는 편이다. 물론 이유야 여러 가지 있겠지만 가장 큰 이유는 우리가 어릴 때 먹었던 한식 베이스를 가지고 있기 때문이다. 게다가 홀 매출, 배달 매출, 포장 매출의 전형적인 '3중 매출' 구조가 잘 이루어지기 때문이다. 통상적으로 양식이나 주점과 달리 족발집, 보쌈집처럼 한식 베이스의 아이템을 갖춘 식당의 라이프사이클이 상대적으로 길다. 그렇다고 족발집과 보쌈집이 무조건적 성공을 보장하는 것은 절대 아니다. 다만 우리의 식습관, 식생활과 밀접한 관계가 있기 때문에 그나마 한식 베이스의 아이템이 오래 가는 경향이 있다.

유념해야 할 것은 족발의 원가는 삼겹살처럼 돼지고기의 원재료 가격 사이클과 동일하기에 특히 여름에 비싸다는 점이다. kg당 원가가 여름의 경우 30% 이상 오르는 경우가 많다. 따라서 돼지고기의 아이템들은 늘 1년을 내다보고 원가를 계산하여 메뉴 가격을 결정하는 게 바람직하다.

최근 들어 세를 확장시킨 족발집으로 유명한 '족발신선생'이 있다. 앞서 간략히 소개한 바 있는데 이 브랜드의 신용식 대표도 나에게서 상차림 구성을 도움 받았다. 신 대표와의 첫 만남을 목동 매장에서 했는데 손님들의 반응이 뜨거웠다. 이 브랜드의 족발은 특이하게도 족발을 삶은 후에 화덕에 한 번 더 구워서 겉은 바삭하고 속은 촉촉한 맛의 족발이었다. 요즘 젊은 고객의 취향 그대로였다.

원래 신 대표는 나에게 브랜드 로고송을 의뢰했다. 나는 지금이야 전문적으로 하지 않지만 아이러니하게 음악 관련 일을 잠깐 했었는데 그때 경험으로 약 20개 브랜드의 로고송을 만들어 준 일이 있다. 최근에도 시간이 되거나 의뢰가 있으면 작곡가 동생들과 협업으로 직접 브랜드 로고송을 만들어 주곤 한다. 신 대표는 나와 대화를 이어가다가 내가 반찬 관련 컨설팅 업무를 하고 있다는 사실을 알게 되었고, 나에게 상차림 컨설팅을 의뢰했다. 그와 더불어 나에게 이런 고민을 털어놓았다.

"매장 하나하나는 잘해왔는데 프랜차이즈 전개는 생각보다 어렵더라구요. 관련 지식도 부족해서 어디서부터 시작해야 할지 엄두가 나지 않습니다."

나름 프랜차이즈 경력이 있던 내가 도와주기로 했다. 나는 족발신선생 브랜드의 본사 '신솔FnB'의 경영 자문으로서도 2년간 참여했다. 그러면서 족발신선생의 족발에 맞는 상차림을 연구했다. 족발과 여러 가지 반찬을 함께 맛보면서 최상의 조합을 찾아봤는데 사실 어리굴젓만 한 것이 없었다. 이때만 해도 이미 내가 유통하는 어리굴젓은 너무 유명해져서 여러 식당에서 유행처럼 사용하고 있었다. 최근에 내가 명란젓을 유통하여 많은 식당에서 사용되고 있기는 하지만 어리굴젓만큼은 따라가지 못하고 있었다. 최종적으로 내가 족발신선생 대표에게 어리굴젓을 쓰자고 제안을 했다. 신 대표가 반대 의사를 내비쳤다.

"어리굴젓이 좋기는 하지만 가격대도 비싸고 요즘 워낙 많이 써서요. 좀 다른 것을 해보면 어떨까 생각하는데요."

족발신선생도 내심으로는 어리굴젓을 낙점하고 있었다. 그런데 비용이 문제였다. 그곳은 삶은 족발을 다시 굽기 때문에 다른 곳보다 2,000~3,000원의 인건비나 운영비가 더 들어가는데 여기에 어리굴젓을 추가하면 메뉴 가격이 더 높아져서 부담스러워했다. 비싼 가격의 족발을 고객들이 사 먹을지 걱정이 되었다. 내가 조언을 해주었다.

"비싸면 어때요? 비싼 메뉴에 열광하게 만들면 되죠. 프리미엄 전략을 쓰면 됩니다. 기왕에 좋은 제품이면서 비싸다면 저가로 하지 말고 고가로 하면 됩니다. 그 대신 확실하게 차별화를 해야 합니다."

현재, 족발신선생에서는 기본 반찬으로 국내산 어리굴젓이 나오며 추가 주문 시 6,000원을 받고 있다. 고객분들 반응이 뜨겁다.

"나는 젓갈을 좋아하지 않지만 어리굴젓을 족발에 올려 먹으니 참 별미네요."

"어리굴젓 때문에 족발을 더 먹게 됩니다."

"어리굴젓에 족발을 먹으니까 감칠맛이 폭발해요."

나는 족발신선생에 쌈장, 새우젓, 족발무김치 등 많은 제품을 협업해서 OEM 생산해주고 있다. 족발신선생의 신 대표를 떠올릴 때면, 신뢰를 바탕으로 하는 사람의 인연이 정말 대단하다는 생각이 절로 든다.

'족발신선생'은 겉바속촉의 화덕족발과 어리굴젓으로 차별화에 성공했다.

## 04

# 족발과 최고 궁합, 새우젓과 무김치

족발집은 보쌈집과 반찬이 거의 비슷하다고 보면 된다. 족발집에 특화된 반찬이 없는 편이다. 족발집에서 내놓는 반찬 중에서 빼놓을 수 없는 것이 바로 새우젓이다. 우리 조상은 대대로 돼지고기를 먹을 때 새우젓과 곁들여 돼지고기를 먹어왔는데 특히나 족발과 새우젓의 궁합은 최고다. 사실 잘 발효된 새우젓만큼 돼지고기의 맛을 배가시키는 토핑 새료가 그리 많지 않다. 잘 발효된 새우젓은 말 그대로 천연 조미료로서 돼지고기 이노신산과 어우러졌을 때 감칠맛을 배가시킬 뿐 아니라 칼슘의 보고이기도 하다. 한식은 지혜로운 음식임에 틀림 없다.

요즘은 족발을 매운 소스뿐 아니라 다양한 소스에 찍어 먹기도 한다. 그렇지만 새우젓보다 더 좋은 대체재는 그리 많지 않다. 새우젓은 물을 타지 않고, 원재료 그대로의 풍미를 살려 고객에게 제공하는 것이 맛이 좋다. 여기에 마늘, 대파, 참깨 등의 갖은 양념을 섞어놓은 새우젓을 족발에 올려 먹으면 제대로 맛이 살아난다.

새우젓은 천연 소화제 역할도 한다. 우리 조상들은 소화가 안 될 때 밥을 물에 말아 새우젓 한두 점씩 올려 먹기도 했다. 새우젓이 발효될 때 발생하는 프로테아제가 돼지고기의 단백질을 분해하는 효소인데 이것이 바로 소화제 역할을 한다. 새우젓에는 강력한 지방 분해 효소인 리파아제도 포함이 되어 있다. 따라서 새우젓은 감칠맛을 돋우는 것과 함께 천연 소화제 역할을 톡톡히 하고 있다.

새우젓은 바다에서 잡지마자 소금으로 염장하여 젓갈로 담근 것이다. 토굴이나 동굴에 보관하여 사용하는데 새우가 잡히는 시기에 따라 대표적으로 오젓, 육젓, 추젓 등이 있다.

**오젓:** 음력 5월에 수확한 새우로 담근 것으로 '오사리젓'의 준말이다. 오사리는 5월에 수확한 새우나 어획물을 뜻한다. 추젓과 함께 주로 반찬으로 내어 먹는다.

**육젓:** 음력 6월에 수확한 산란기의 새우로 담그며, 새우젓 가운데서 최고 상품으로 여겨진다. 잘 발효시킨 육젓은 김장용 젓갈로

가장 선호된다. 흰 바탕에 노란 알집이 있으며, 꼬리와 머리 부위에 붉은색이 섞여 있다. 육젓은 다른 시기의 새우보다 사이즈가 크고 살이 통통하며 그 자체만으로도 고소한 맛이 난다.

**추젓:** 음력 8월 이후 가을철에 어획한 자잘한 새우로 담그며, 육젓보다 크기가 작고 색이 투명하고 깨끗하다. 수확 시에는 투명한 빛을 띠나 젓갈로 담그면 흰색으로 변한다. 각종 음식에 가장 널리 사용되는 새우젓이 바로 추젓이다. 추젓은 당장 먹기보다는 모두 삭으면 김장을 담글 때나 일 년 뒤 젓국에 쓰기에 좋다.

요즘은 이런 새우젓 종류의 구별을 거의 하지 않는다. 예전에 집에서 김장할 때 어떤 새우젓을 쓰느냐가 1순위였을 만큼 새우젓 종류가 중요했지만 지금은 그런 문화가 많이 없어진 편이다. 종류에 상관하지 않고 새우젓을 사용하고 있다. 식당에서도 마찬가지다. 새우 종류 구분 없이 새우젓을 구입한 후 물과 조미료를 타서 내놓는 곳이 많다. 이렇게 제공하게 되면 사실 새우 본연의 시원하고 개운한 맛이 나지 않을 게 뻔하다.

간혹 어느 족발집에 가면 새우젓이 굉장히 깔끔하고 감칠맛이 있는 경우가 있다. 이곳은 새우젓의 물기를 살짝 짜낸 후 고춧가루, 대파, 청양고추 등 갖은 양념으로 덧간을 해서 고객에게 제공하기 때문이다. 이런 식당들의 새우젓은 별도로 첨가한 물이 없고 오로지 새우젓만 있는 것이다. 이런 진짜 새우젓을 족발 위에 올려서 먹으면 맛이 엄청나다.

이런 족발집을 찾기 힘들어진 이유는 새우젓의 원가가 식당에서 감당할 수 없을 만큼 비싸졌기 때문이다. 물론, 국내산 새우젓을 사용하면 더할 나위 없이 좋겠지만, 내가 판단하기에 새우젓은 국내산이든 중국산이든 베트남산이든 크게 상관이 없다. 단, 젓갈의 특성상 좋은 소금을 사용해야 하지만 수입산은 소금까지 체크하기에는 무리가 있다고 본다. 식당에서 반찬으로 내놓을 때 물기를 어느 정도 제거하고 본인 식당만의 갖은 양념을 하는 것이 본래 새우젓 본연의 맛을 잘 살려준다.

근래에 족발집 사장님들로부터 새우젓 외에 다른 반찬을 추천해달라고 하는 요청이 많다. 뭔가 부족한 듯해서 추가 반찬을 내놓고 싶어서이다. 이런 니즈가 생기는 게 당연하다고 보는 것이 대한민국 외식산업이 발전하는 과정 중 하나라고 보기 때문이다. 물론, 반찬 추가에 앞서 본인 식당의 메인 메뉴 역시 본질이 뚜렷한 상품력으로 무장해야 하는 것은 당연하다. 요즘 내가 추천하는 추가 반찬으로는 쪽파김치, 갓 장아찌, 고추채 절임, 백김치 등을 적극 추천해드리고 있다. 실제로 우리 회사에서 새우젓을 납품받는 족발집에서 내가 추천한 반찬을 추가로 내놓고 있어서 지속적으로 주문이 들어오고 있다.

몇몇 족발집 사장님들이 이런 질문을 해오기도 한다.

"저도 반찬 여러 개 내놓고 싶습니다. 그렇지만 비싼 새우젓에다 또 반찬을 추가하면 원가가 몇 배로 올라가서 부담이 되잖습니까?"

이런 질문은 보통 식당을 몇 년 하지 않은 초보 사장님들께서 많이 하시는 편이다. 당연히 그럴 수 있고, 잘못된 질문도 아니다. 분명한 것은 사람의 위장은 한 끼로 먹을 수 있는 양이 정해있다는 점이다. 무한대로 음식을 섭취할 수 없는 법이다. 예를 들어 한 끼 식사로 반찬을 200g 먹는 사람이 반찬 2개가 나왔다고 400g을 먹지 않는다. 따져보면 평균적으로 각 반찬을 100g씩 먹어서 총 200g을 먹게 된다. 결국, 고객은 여러 반찬을 먹는 즐거움이 배가되므로 두 종류의 반찬을 내놓는 족발집을 선호하게 된다.

물론, 사장님이 운영하는 족발집이 김치, 무김치 등을 제외하고 전국에서 가장 특출나게 맛있는 새우젓이 있다면 굳이 다른 반찬이 필요하지 않을 수도 있다. 그런데 이런 식당이 되려면 상당히 오랜 경륜과 노력이 필요하다. 따라서 보통의 족발집에서는 차별화 전략으로 '새우젓 + 또 하나의 반찬'을 구성하는 게 좋다. 고객의 만족 그리고 쑥쑥 올라가는 매출이 왜 그렇게 해야 하는지를 증명해준다.

족발 하면 따라붙는 김치가 있다. 바로 무김치다. 족발에다 무김치를 쌈해서 마늘, 고추, 쌈장 등과 곁들여 먹으면 기막힌 조합이 탄생한다. 족발집에 반찬을 납품하는 입장에서는 무김치는 제조 유통과정을 관리하기가 여간 까다로운 것이 아니다. 양념을 하여 가공을 하고 나서도 무의 특성상 수분이 많이 생기는데 이런 이유로 숙성의 속도가 상상을 초월하리만큼 빠르다. 금방 과발효 되어 시어진다는 이야기다. 그러다 보니 본래 무김치의 신선한 맛이 떨어진다.

우리 회사는 무김치의 수분을 짜내는 것과 함께 온도를 낮춰서 최대한 숙성을 방지하고 있다. 현재, 족발신선생과 더불어 두 군데 프랜차이즈 족발 브랜드에 공급을 하고 있지만 늘 살얼음판을 걷는 느낌이다. 이렇듯 어떤 반찬들은 제조와 유통의 단계에서 더 많은 노력이 필요한 제품들이 많이 존재한다. 제조와 유통의 미흡한 부분을 반드시 해결해야만 식당 사장님들의 수고로움을 덜어낼 수 있기에 늘 고민을 하고 있다.

새우젓은 되도록 물을 타지 않고 원물의 특성을 살려야 시원하고 깊은 맛이 난다.

## 단지FnB를 말한다 5

### 다양한 기본 반찬과 더불어 차별화된 독특한 반찬이 매력

저는 울산에서 소고기전문점 '상식당', 돼지고기전문점 '삼산돈'을 운영하고 있는 김진우라고 합니다. 한 건물 1층, 2층에서 소고기 전문점과 돼지고기 매장 두 곳을 동시에 운영하다 보니, 시너지가 나는 부분도 있지만 그만큼 준비해야 할 것과 신경 쓸 것이 생각보다 많습니다. 특히 같은 고깃집이지만 주력 메뉴에 맞는 조화로운 찬 구성을 만들어내는 동시에, 두 매장의 반찬이 최대한 겹치지 않고 차별화를 이루어내야 하는 점이 가장 고민이었습니다. 이때 많은 도움을 준 분이 '단지에프엔비'의 김정덕 형님입니다.

단지에프엔비와의 인연은 약 5년 전쯤 신규 매장 오픈을 위해 창업 및 레시피에 관한 전문 교육에 여러 번 참여하면서 시작되었습니다. 때마침 강사로 인연을 맺은 김정덕 대표님께서는 반찬에 관한 전문 지식은 물론 그 외의 요식업계 동향에 대한 조언과 자문도 많이 주시며, 상황 및 매장 콘셉트에 따라 어떤 찬 구성을 만들어내면 좋을지에 대한 도움을 주셨습니다.

특히, 김 대표님의 반찬이 식당 운영에 적지 않는 기여를 했습니다. 단지에프엔비에서 판매 중인 기본 반찬이 구성이 탄탄할 뿐 아니라 살얼음무생채, 오말랭이, 와사비맛 얼갈이 물김치 등 다른 곳들과 확연하게 차별화된 특별한 것이 적지 않아서 매력적으로 다가왔습니다. 샘플링을 통해 현재 운영 중인 매장에 적용해 보았는데 고객들의 반응이 좋았고, 매장에서 직접 만드는 것 못지않게 퀄리티가 좋아 직원들의 노고도 덜어주어 큰 도움이 되고 있습니다. 저는 반찬뿐 아니라 식당 운영 관련 고민이 있을 때 수시로 형님께 전화를 드리는 편입니다. 밤늦게까지 전화를 받아주셔서 정말 고마울 따름입니다.

**상식당 대표** 김진우

# 3. 한상차림집의 반찬 구성 비법

# 01

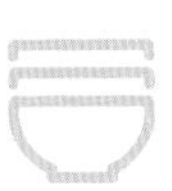

# 10여 개 반찬이 대세인 한상차림집

나는 상차림 전문가로 활동하고 있다. 특히 한상차림의 상차림에 관한한 누구에게도 뒤지지 않을 정도로 부단히 연구하는 중이다. 이런 내가 볼 때, 요즘은 예전에 유행한 '한정식 한상차림 전문 식당'이 많이 줄어든 듯하다. 몇몇 브랜드가 그 명맥을 이어가고 있는 실정이다. 예전부터 우리나라 사람들은 대부분 결혼식에 앞서 상견례를 통해 양가 직계 가족을 모시고 식사하는 자리를 가졌다. 이때 보통 '한정식' 매장에서 식사를 했는데 이게 내가 생각하는 한상차림이다. 1인 기준으로 3만 원대가 기본이고 4만 원대는 보리굴비가 나오고 5만 원대는 갈비찜이 나왔다. 한 상에 온갖 요리와 반찬이 많이 올려져있는 상차림이었다. 큰 접시에 작고 아담하게 세팅한 음식들을 상상해 보면 된다.

요즘 한정식 한상차림 식당이 많이 없어진 이유는 상견례나 가족 외식이 줄어든 이유도 있지만 높아진 비용 때문이다. 특히 인건비의 부담이 너무 가중되었는데, 간단히 말해 음식 리필해 주는 인원을 운영하는 데만도 상당한 비용이 들어가기 때문이다. 결국 식당 운영의 측면에서는 효율성이 떨어지는 구조라 더 이상 운영하기가 힘들어졌다.

최근 몇 해 사이에 그 빈자리를 꿰차고 들어온 것이 '기업형 한식 뷔페'다. 물론 상견례 자리를 대신하는 격식 있는 식당은 아니지만 '계절밥상', '자연별곡' 등의 브랜드가 출시되었는데 다이닝 뷔페 스타일로 1인분에 3만 원 가까이 되는 메뉴를 구성했다. 등장과 함께 한동안 유행을 하더니 많이 없어진 걸 보면 실적이 그리 좋지 않은 듯했다. 대기업에서 기업형으로 식당을 운영하는 데 한계에 봉착했을 것이다. 대기업은 푸드코트처럼 단일 메뉴로 여러 음식점을 개별적으로 하는 것에는 최적화되어 있었겠지만 수십 가지 반찬을 차려놓은 한식 뷔페는 하기 쉽지 않았을 것이다. 푸드코트를 운영할 경우, 매출이 낮은 메뉴나 브랜드에 대해서 리뉴얼을 통해 발 빠르게 새로운 메뉴의 브랜드를 투입할 수 있다. 그렇지만 단일 매장일 경우 특히나 대형 매장이라면 리뉴얼을 위해 엄청난 투자비용이 소요된다. 더욱이 콘셉트 자체를 바꾸어야 할 상황이라면 더더욱 많은 투자가 필요해 효율이 나지 않게 되어 있다.

그다음, 등장한 것이 세미(semi)한정식이라 불리는 '캐주얼 한식당'

이다. 메인메뉴로 생선구이, 제육볶음, 떡갈비 등을 주메뉴로 제공하면서 다양한 반찬을 한 상에 제공한다. 나는 이런 식당 대부분을 일컬어 그저 '한상차림 식당'이라 칭하는 편이다. 1인당 8천 원가량 받는 한식 뷔페 백반집과 다른 것은 반찬의 종류와 가짓수다. 물론, 주차장이나 인테리어 등에도 신경을 많이 쓴다. 백반집의 경우 반찬의 가짓수가 한정적이지만 최근 많이 유행하는 캐주얼 한상차림의 경우 밑반찬의 개념을 넘어 잡채, 나물류, 제육볶음, 어리굴젓 등 프리미엄 급의 반찬을 10종 전후로 제공해 준다. 우리가 기존에 이용하던 일반적인 백반집과는 차별화하여 메뉴나 운영의 측면에서 프리미엄 전략을 쓰고 외식의 개념을 가미했다. 앞으로도 이런 한상차림의 식당이 많이 생길 것으로 예상된다. 또 인건비 절감 차원에서 마련한 고급 셀프바를 통해 고객에게 아낌없이 퍼준다는 개념으로 세팅하는 것이 한상차림의 특징이다. 보통 가격대는 1인분 기준 15,000원에서 20,000원가량 형성되어 있다.

캐주얼 한식 다이닝의 선두 주자를 꼽으라면 나는 서슴없이 단연 '강민주의들밥', '산으로간고등어'라 말한다. 물론 내가 못 가본 식당을 제외한 내 기준일 뿐이다. 경기도 이천에 있는 강민주의들밥은 식당에서 직접 많은 반찬을 만들고 있는데 2~3종 정도의 반찬은 우리 회사에서 납품을 받은 후 본인 식당만의 레시피로 재가공을 통하여 맛을 끌어 올리고 있다. 산으로간고등어는 일년 내내 잡채와 총각김치(알타리김치)를 내놓고 있다. 이 식당은 대한민국 생선구이의 바이블 같은 곳으로 많은 생선구이 매장이 이 브랜드를 카피하거나 벤치마킹 했다.

손승달 명인이 이끌고 있는 '명인밥상' 역시 '반찬도 요리'라는 것을 극명하게 보여주고 있다. 또한, 앞서 언급했듯이 내가 기획한 식당 중에 '괭이부리마을' 역시 반찬이 어리굴젓을 포함해 10가지가 넘는데 그 가운데 나물이 4가지가 된다. 최근 오픈하는 고등어집은 산으로간고등어나 명인밥상 또는 괭이부리마을의 플레이팅과 반찬 등을 벤치마킹하고 있다.

잘되는 대부분의 한상차림 식당들은 일반 식당처럼 공기밥을 제공하는 것을 넘어 대부분 솥밥을 제공해 준다. 요즘은 정말 생선구이 특히 고등어구이를 표방한 식당들이 많이 생기고 유행하고 있는데 특히 솥밥을 제공함으로써 그 격을 높이고 있는 것이 사실이다. 한식에서의 반찬은 밥을 먹기 위한 도구이다. 아무리 훌륭한 반찬을 내어준다 해도 밥맛이 형편없다면 반찬도 그 역할을 제대로 해낼 수 없다.

잘되는 한상차림집에서 빼놓을 수 없는 것이 넓은 주차장이다. 한상차림으로 창업하고자 한다면 상권분석과 더불어 입지선정 단계에서 가장 중요한 요소 중 한 가지가 바로 주차장 확보다. 요즘 같은 시대에 4인이 점심 약속을 하고 식당에 방문하면 최소 2대 이상의 차량이 오게 되어 있고, 도보로 올 수 없는 경우는 차량 4대가 오는 경우가 부지기수이다. 보통 한상차림 전문점의 경우는 작은 매장보다는 100평 내외에 테이블 20개 이상의 대형매장으로 오픈하기에 주차장의 중요성을 더 설명할 필요가 없다. 요즘, 단품 메뉴나 매일 먹는 식사의 개념을 상회하는 수준의 한상차림 전문점 매장이 유행하고 있다. 만약, 근거리에 이미 이와 비슷한 개념의 식당이 자리 잡고 있다면 주차장이 넓게 잘 구비된 매장을 찾는 일이 선행되어야만 오픈하고 나서도 후회가 없으며, 꾸준히 단골고객을 확보할 수 있다. 한상차림 전문점은 많은 투자비용이 들고 그에 따라 많은 수익도 창출할 수 있는 전형적인 자본주의 식당 중 하나이다.

한상차림 전문점의 1순위 고객은 30~50대 여성분이다. 그 이유가 뭘까? 이 여성분들 대부분이 직접 가정에서 한상차림을 해본 경험이 있기에 그 수고로움을 잘 안다. 당연하게도 1인분에 1만5천 원에서 2만 원으로 한상차림을 즐긴다는 것이 얼마나 합리적인 가격이라는 것인지를 잘 납득한다. 이 고객들은 자주 가족 외식을 하며 부모님 세대와 자녀들을 동반하곤 한다.

나는 오픈 초기 '괭이부리마을'에서 한동안 근무하며 직원들을 교육해 준 경험이 있다. 그때 나는 식사를 하러 자주 오시는 어느 노부부께 우리 식당이 괜찮으시냐고 여쭤봤다.

"일주일에 한 번은 꼭 오시는 것 같으신데 입맛에 맞으세요?"

할머니께서 말씀해 주셨다.

"내가 어릴 때 우리 엄마가 이런 밥을 집에서 많이 해주셨고, 또 시집살이할 때 시댁 어른들께 이런 밥상을 자주 차렸었지요. 지금은 집에서 이렇게 차려봐야 누가 먹겠어? 먹는 건 둘째치고 누구 고생하라고 이걸 해? 생선 냄새는 어쩌고. 아무튼 여간 쉽지 않지. 옛날 생각이 나서 가끔 오게 됩니다."

이와 더불어 친구들과 같이 오기도 좋고, 자식들과 같이 오기도 좋고, 또 셀프바에서 눈치 보지 않고 먹고 싶은 것 마음껏 가져다 먹을 수 있어서 좋다고 말씀하셨다.

한상차림집 창업을 생각한다면 주차장, 솥밥, 다양한 반찬, 생선구이, 널찍한 좌석 배치는 필수적으로 완벽하게 준비해야 한다. 진정한 자본주의 식당인 한상차림집, 한번 자리 잡으면 그 생명력 또한 긴 편이다.

한상차림 전문점 '고방채'에서는 세미 한정식으로 고등어구이 등이 인기를 끌고 있다. 10여 개의 많은 반찬이 식사를 즐겁게 한다.

# 02

# 솥밥으로 반찬 맛 살리는 '괭이부리마을'

한상차림 전문점은 특히 밥이 중요하다. 다른 메뉴 식당과 달리 한상차림 전문점은 밥을 제대로 먹는 공간으로서 밥의 가치가 상당히 높은 편이다. 남들 다하는 식으로 공깃밥을 내놓다가는 한상차림 전문점으로 격이 맞지 않으며, 고객은 밥맛이 별로인 것을 단박에 알아차린다.

십여 년 전쯤 나는 성수동에 '정덕식당'이라는 고깃집을 열었는데 돼지불백의 단일 메뉴로 점심 장사를 했다. 이때 실제 경험상으로 그때그때 갓 지은 밥이 맛이 좋다는 것을 알고 있다. 테이블이 12개였는데 10인분 쿠쿠밥솥 6개를 돌려가며 밥을 지어냈다. 고객이 매장에 발을 들이는 순간 구수한 밥 냄새가 나게 하고 주문과 동시에 갓 지은 밥을 한 그릇씩 직접 퍼서 제공해 드렸다. 이와 더불어 메인메뉴인 돼지불백과 어울리는 조연 반찬들이 맛을 더욱 끌어 올려줬다. 이때, 나는 쿠쿠 밥솥 10인분짜리에 10인분 밥을 다할 수 있다고 믿고 있었다. 정말 아무것도 모르던 시절이었다. 그도 그럴 것이 세 식구 사는 우리 집에서는 같은 밥솥을 사용하면서 10인분 꽉 채워 밥을 지어 본 적이 한 번도 없었다.

아무리 좋은 반찬을 고객에게 내놓는다 한들 뚜껑 열면 물이 흥건하게 흘러내리는 공깃밥을 내놓으면, 그 밥과 함께 먹는 반찬 맛 또한 떨어진다. 정성 들인 밥, 갓 지은 밥 그중에 솥밥이야말로 한 끼니 식사의 격을 끌어 올리는 중요한 요소이다. 그러니 1인 15,000원 이상을 받고 품격 있는 외식을 표방하는 한상차림 전문점에서는 되도록 공깃밥을 내주면 안 된다고 본다. 솔직히 말해 공깃밥은 없어져야 하는 식문화의 도구라고 생각한다. 철저하게 공급자 위주의 편의를 위해서 만들어낸 식당 도구임에 틀림없다.

한상차림 전문점에서는 1인 솥밥을 내놓아야만 본래 집밥에서 유래한 밥이 된다. 과거 대가족의 시절에는 그때그때 밥을 해 먹었던 기억이 모두 있을 것이다. 한상차림 전문점 창업을 고려하는 분들에게는 평소 이렇게 강조하고 있는 편이다.

"갓 지은 밥을 고객이 먹을 수 있어야만 한상차림이 완성이 됩니다. 한상차림 식당을 표방하면서 솥밥이 없다면 격이 떨어지는 일입니다."

원가만 놓고 보게 되면 공깃밥과 솥밥은 별반 큰 차이가 없다. 솥밥에는 노고가 더 필요하다. 거기에 솥밥 기계를 구매해야 하는 초기 투자비용이 더 들어가게 된다. 더불어 솥밥 그릇을 설거지하려면 여간 번거롭고 귀찮은 일들이 한두 가지가 아니다.

그런데 확연히 공깃밥과 반찬을 먹을 때와 솥밥과 반찬을 먹을 때의 차이는 꽤 크다. 솥밥과 반찬을 먹을 때가 당연하게 맛있다. 잘 구운 김 한 장을 먹더라도 갓 지은 솥밥 한 숟가락 위에 올려 먹어야 그 맛이 배가 되는 것이다. 공깃밥에 김을 먹는 것과는 하늘과 땅 차이다. 그래서 식당에 반찬을 납품하는 나는 한상차림집이 아니더라도 식당 사장님들에게 가능하면 솥밥을 쓰시라고 요청하고 있다. 그래야 정성껏 만든 반찬의 맛이 더 살아나고 전체적인 식사의 만족감이 살아나기 때문이다. 만약 사정상 솥밥을 제공하지 못한다면 그때그때 퍼서 제공하는 스타일로 한상차림의 밥을 완성해야만 한다.

요즘 생선구이집 창업 문의가 '괭이부리마을'의 성공을 계기로 많이 들어오고 있다. 대중에게 많이 알려진 고등어구이집 괭이부리마을은 사실 내가 초기에 기획을 했고 여기에 지분 투자도 해서 지금까지도 함께 운영하고 있다. 우리 회사는 괭이부리마을에 김치류인 국산 배추김치, 갓김치와 어리굴젓, 씨앗젓갈, 오말랭이젓갈, 새우젓, 쌈장 등을 납품해주고 있다. 괭이부리마을은 이 반찬에 추가해서 직접 사이드 메뉴인 제육볶음과 함께 나물류 4개를 만들어서 내놓고 있다. 한마디로 반찬의 향연이라고 할 수 있을 만치 고객은 10여 개의 반찬을 골고루

맛볼 수 있다. 참고로 나물의 경우 완제품을 유통하는 회사는 거의 없다. 데치거나 볶고 양념을 해야 하는 나물 특성상 공장에서 만들어 놓고 유통을 하면 변질이 되기 쉽기 때문에 원천적으로 유통이 불가능하다. 그래서 이 식당에서는 수고롭지만 직접 그날 사용할 나물류는 당일 생산 당일 소비를 원칙으로 하고 있다.

괭이부리마을의 경우, 솥밥 이외에도 셀프바에 흰쌀밥과 흑미밥 두 가지를 늘 구비해 놓는다. 고객들의 솥밥에 대한 반응이 매우 좋다.

"솥밥은 젓갈을 올려 먹으면 꿀맛입니다."

"솥밥이 우리 집밥보다 맛있는데 쌀만 따로 구매할 수 있나요?"

"솥밥의 밥을 덜어내고 뜨거운 물을 부어서 누룽지를 만들어 먹으면 참 좋습니다."

솥밥의 효과도 있지만 이 식당은 국내 품종인 골드퀸 3호의 수향미를 사용하고 있어 밥의 풍미가 남다르다.

나는 잘 운영되고 있는 괭이부리마을 반찬에 대한 룰을 가지고 있다. 김치류 2개를 내놓는다거나, 나물류 4가지는 절대로 포기하지 않는다거나, 10가지 반찬을 절대 포기하지 않는다거나 하는 룰을 3년 차인 지금도 지키고 있다. 식당을 어느 정도 운영하다 보면 사장과 직원들이 매너리즘에 빠지게 되고 수고롭게 반찬을 여러 개 내놓는 것을 꺼리는 경향이 있다. 그렇지만 매출이 좋고 고객들이 많이 찾는 한상차림 전문점들의 공통점은 처음 오픈했을 때부터 지금까지 한결처럼 여러 종류의 반찬을 빠짐없이 내놓는다는 규칙을 잘 지키고 있다.

반찬 한두 접시를 뺀다고 해서 그러려니 할 수도 있겠지만 고객은 반찬 한 접시만 없어져도 귀신처럼 알아차린다. 장사가 잘되는 한상차림 전문점은 결국 다양한 여러 종류의 반찬 구성을 하는 것이 필수적인데, 그 반찬 맛을 배가시켜주는 솥밥의 역할이 중요하다.

한상차림 전문점 '괭이부리마을'의 한상차림 메뉴에는 솥밥이 필수다.

## 단지FnB를 말한다 6

### 좋은 품질의 반찬 공급자이자 매장 운영의 핵심 파트너

여의도에 위치해 있는 모던 한식 주점 '고방채'의 세 지점은 '단지에프앤비'와의 거래를 통해 일주일에 두 번 이상 다양하고 신선한 반찬을 제공받고 있습니다. '단지'는 반찬의 품질을 일정하게 유지하면서도 유통과 배송 시스템을 철저히 관리하고 있어, 배송 받을 때마다 신선하고 좋은 품질의 반찬을 정시에 배송 받을 수 있다는 점에서 큰 편리함을 느낍니다. 물론 저희는 대표님의 회사와 그리 멀지 않은 곳에 위치해 있다는 장점도 있습니다.

또한 '단지'에서 정성껏 준비한 고품질의 완제품을 안정적으로 받아 볼 수 있기 때문에, 반찬을 준비하는 데 드는 시간과 인력, 그리고 자원을 대폭 절감할 수 있었습니다. 요즘같이 인건비가 많이 들어가는 현실 속에서는 참으로 반가운 일이 아닐 수 없습니다. 그 덕분에 요리사들은 새로운 메뉴 개발과 혁신적인 요리법을 시도하는 데 더 많은 집중을 할 수 있게 되었고 그 결과, 고방채를 방문해 주시는 고객님들께서 더욱 맛있고 색다른 식사를 경험할 수 있게 되었습니다.

'단지'는 단순한 거래 업체를 넘어 매장의 운영에 꼭 필요한 핵심 파트너입니다. 안정적인 반찬 공급과 품질 보증 덕분에 고방채는 더 많은 시간과 에너지를 식당 운영과 서비스 등 중요한 부분에 집중할 수 있게 되었고, 그 결과 고객님들에게 보다 나은 서비스를 제공할 수 있었습니다.

이러한 효율적인 운영 방식은 고방채의 시장 경쟁력을 크게 높이는 데 기여했을 뿐만 아니라 고객과 직원 모두가 만족하는 환경을 만들어주었습니다. 앞으로도 고방채는 '단지'와의 협력을 통해 더욱 차별화된 서비스를 제공하며, 시장에서의 입지를 강화해 나갈 것입니다. 저희가 사용하는 주요품목은 명란젓, 어리굴젓, 갓김치, 잘익은 김치, 씨앗젓갈 등입니다. 정말 감사드립니다.

**고방채 대표** 송기섭

# 4. 국밥집의 반찬 구성 비법

# 01

# '염'과 '초'의 밸런스가 중요한 국밥집 반찬

사극 드라마를 보면 자주 등장하는 음식이 있다. 한 선비가 한양에 과거 시험을 보러 가는 도중 한 주막에 들른 후 주모에게 말한다.

"주모, 여기 국밥 하나 말아주시게."

주모가 김이 모락모락 올라오는 국밥 한 그릇을 뚝배기에 담아 들고 나온다. 먼 길을 오느라 허기진 선비는 허겁지겁 숟가락으로 국밥을 떠먹다가 마지막에는 두 손으로 그릇을 잡고 국물을 다 들이킨다. 이토록 한 그릇의 음식을 맛있게 먹는 모습은 찾아보기 힘들 정도다.

이 음식은 지금의 국밥이자 한자로 탕반(湯飯)이다. 우리 민족은 국물의 민족이다. 국물 탕자에 밥 반자가 결합된 것으로 뜨거운 국물에 밥을 말아 제공하는 음식이 바로 국밥이다. 우리나라는 예로부터 국밥

문화가 크게 발전되어 왔다. 솔직히 나 역시 몇 해 전까지만 해도 소위 '국밥충'이었다.

국밥집은 통상적으로 설렁탕, 곰탕, 순댓국, 돼지국밥, 콩나물 해장국 등을 파는 식당을 일컫는다. 이외에도 국밥 메뉴는 헤아릴 수 없이 많지만 일일이 열거하기엔 그 수가 너무 많아 위의 메뉴들만 적었다. 국밥집은 우리 주변에 늘 존재해왔었는데 서민 음식의 느낌이 가득한 편이다. 국물에 밥과 더불어 푸짐한 건더기가 들어있는 국밥은 든든한 한 끼였다. 국밥 문화는 고객 입장에서는 먹기 편하고 식당 입장에서는 대량 생산을 할 수 있고 단품 메뉴로 운영하기 편리한 점이 많아 오래 전부터 이어져 오고 있다.

일본에는 감칠맛 나는 국물로 글루탐산 맛을 내는 다시마와 이노신산의 감칠맛을 내는 가쓰오부시(かつおぶし:가다랑어포)를 섞어 복합의 맛을 내는 다시(出汁)라는 육수 문화가 있다. 이것에 대응해서 우리나라에는 소고기를 푹 우리거나 뼈를 푹 우려서 구수한 맛을 내는 탕 문화가 있다. 언제부터인가 우리 조상은 이것저것 재료들을 국물에 다 섞어 푹 끓인 탕을 먹기 시작했다. 생존 자체가 귀하던 시절을 겪어왔기에 간단히 먹고 또 나눌 수 있는 한 그릇의 국밥 문화가 만들어진 듯하다. 국밥은 우리나라 남녀노소에게 진정한 소울푸드다. 직장인의 경우 소주 한 잔 할 때 곁들여 안주로 즐기며 먹기도 하고, 다음날 또 해장을 하기 위해 찾는 것이 바로 국밥이다. 어르신 세대들도 어려서부터 즐겨 드시던

음식이고, 여성들도 종종 찾아 먹는 음식이며 아이들도 부모님을 따라서 자연스럽게 먹어왔다. 창업을 하기 위해 아이템을 찾는다면 국밥이야말로 장수할 수 있는 아이템 중 하나이다.

국밥집은 우리나라 방방곡곡 어느 동네에나 잘되는 곳이 꼭 있다. 종류별로 다 따져보면 잘하는 곳이 몇 개씩 존재한다. 그 지역 사람들은 오래된 그 국밥집을 기억하고 자주 찾는다. 국밥집 프랜차이즈는 다른 아이템과 달리 100개 이상의 가맹점이 존재하는 곳이 그리 많지 않다. 그 이상으로 수백 개 점포가 확장되지 않는 이유 중의 하나가 바로 각 지역마다 자리 잡은 오래된 유명 국밥집들이 터줏대감처럼 버티고 있기 때문일 것이다. '신의주 찹쌀순대'나 '현대옥'의 유명 브랜드를 떠올려 봐도 다른 한식 브랜드에 비해서 점포 수가 그리 많지 않다.

일부 가맹점 확대에 혈안이 된 국밥집 프랜차이즈가 있었다. 이런 곳들의 특징은 점포 확장 방안을 낮은 소비자 판매가격으로 설정하곤 한다. 주위의 다른 국밥집보다 파격적으로 낮은 가격으로 고객을 끌어모으려는 전략을 세운 것이다. 과거에 5천 원짜리 순대국밥이 유행했을 때가 그렇다. 그 결과는 어땠을까? 원가절감을 하다 보니 푸짐해야 할 내용물이 부실했고, 국물 맛도 별로인데다가 반찬으로 내놓은 깍두기조차 맛이 형편없었다. 오픈 초기에야 싼 맛에 고객들이 찾지만, 시간이 지날수록 고객은 그런 식당에 재방문조차 하지 않는다.

국밥의 가장 큰 특징은 한 뚝배기 그 자체가 요리의 전부라는 사실이다. 맑고 뽀얀 국물의 곰탕이나 설렁탕은 소금으로 간을 해서 먹었고, 빨간 국물의 국밥에는 소금, 다데기가 들어있어서 그것 하나면 식사로 충분했다. 어느 때부터인가 국밥집은 보통 기본 반찬 두 개를 내놓기 시작했다. 현재 우리나라 국밥집의 기본 반찬은 다 아는 것처럼 김치와 깍두기다. 잘되는 국밥집치고 김치 깍두기를 성의 없이 내놓는 곳이 없으며, 잘되는 국밥집은 어김없이 김치, 깍두기의 맛으로도 유명하다.

잘되는 국밥집은 대표적으로 김치와 깍두기의 '염'과 '초'의 밸런스를 잘 유지하고 있다. 여기서 말하는 염과 초는 각각 짠맛과 신맛이다. 이 두 가지 맛의 밸런스가 유지되어 최고 맛의 어울림이 연출된다. 내가 직접 발품을 팔아서 전국 방방곡곡 영업을 하면서 직접 맛보았던 유명 국밥집의 김치와 깍두기들은 어김없이 염과 초의 밸런스를 잘 유지하고 있음을 발견했다. 김치 하나가 탁월하게 맛있더라도 깍두기의 염과 초의 균형이 없으면, 아쉬움이 많이 남는 한 끼가 되었다. 유명한 국밥집일수록 김치와 깍두기는 어느 하나가 염의 역할 즉, 바로 즉석 양념된 찬이라면 다른 하나는 대부분 초였다. 김치가 담근 지 얼마 안 된 것(겉절이)이면 염이므로 깍두기는 숙성된 초가 되어야 하며, 김치가 숙성되어 초가 되면 깍두기 대신 무생채 등을 사용해 갓 담근 염의 역할로 산도가 없어야 한다. 국밥집의 여러 주메뉴 가운데 곰탕, 설렁탕에는 잘 익은 배추김치나 섞박지 또는 쪽파김치의 초가 맛을 배가하는 역할을 한다.

작년 여름 배추 파동이 났을 때 천정부지로 김치 값이 올라가고 있을 때였다. 곰탕집 점포 5개 정도 운영하는 한 사장님이 배춧값이 비싸져서 너무 힘들다며 대체제를 요청했는데 내가 권했던 대체제는 쪽파김치였다. 이 매장은 최초 세팅부터 잘 익은 김치와 갓 버무린 무생채를 찬으로 제공하고 있었기 때문에 산도 있는 맛있는 대체제를 구해주면 그만이었다. 이제는 고객이 최상급의 국산 김치를 내놓아도 꼭 쪽파김치를 찾는다고 한다. 초의 신맛을 내는 파김치가 제 역할을 톡톡히 한 것이다.

일반적으로 신맛에 대한 거부감이 있는 게 사실이지만 일부 지역 특히 경상도의 국밥집에서는 국밥에 아예 식초를 곁들여 먹는 곳도 많다. 이는 우리가 베트남에 가서 쌀국수를 접할 때면 현지인이 레몬이나 라임을 첨가해 쌀국수를 먹는 것과 비슷하다. 내가 잘 알고 지내는 이준희 동생은 마산에서 매실국밥으로 유명하다. 이 매장에서는 매실을 이용한 식초를 사용하고 있었는데 왜 식초를 쓰냐고 물었더니, 원래 경상도 사람들은 식초를 넣어서 먹는다고 했다. 이렇듯 초가 곰탕, 설렁탕 등의 국밥집에서는 중요한 역할을 한다.

요즘은 김치 대신 무생채를 주는 곳이 많은데 이 역시 동일하다. 보통 무생채와 깍두기를 내놓는데 하나가 초이고 다른 하나는 생 재료의 맛을 살리는 염이어야 한다. 무생채가 갓 버무려서 염이라면, 깍두기는 반드시 숙성된 초가 되어야 맛의 밸런스가 유지되어 반찬 맛이 균형있게 극대화되고 호불호가 없는 법이다. 어느 국밥집이든 찾아가서 주메뉴와 함께 맛있는 반찬을 잘 먹었다고 할 때 그 반찬에는 염과 초가 있기 마련이다.

잘 안되는 국밥집의 특징은 반찬이 염과 초의 밸런스가 없다는 점이다. 기껏 성의 있게 숙성된 김치와 함께 익은 깍두기를 내놓지만 초와 초가 되므로 다양한 맛의 어울림이 없어서 다양성이나 균형의 측면에서는 어울림이 반감된다. 새로 만든 겉절이와 새로 만든 무생채를 내놓는 국밥집도 있다. 이러면 염과 염이 되므로 초가 없다. 짠 것과 짠 것을 먹으니 짠 기억밖에 남지 않아서 반찬 맛이 좋다는 느낌을 받지 못한다.

곰탕과 더불어 설렁탕 등의 맑은 고기 육수 베이스는 특히 반찬이 중요한데 초가 필수적이다. 곰탕은 고깃국물이고 설렁탕은 뼛국물이라고 표현한다면 전자는 평양냉면 육수처럼 맑고 후자는 우윳빛처럼 뽀얗다. 곰탕과 설렁탕이 아무리 맛있어도 그것만으로 맹맹하다는 느낌을 지울 수 없다. 그래서 김치, 깍두기가 중요한데 그래서 유명한 설렁탕집은 아예 간판을 '** 깍두기'라고 달아 놓기도 한다.

곰탕과 설렁탕은 시간의 음식이다. 몇 시간 푹 고아야 제대로 된 맛이 나오기 때문이다. 대충 한 시간 고아서 내놓으면 진득한 맛이 나오지 않는다. 오랜 시간의 조리 과정을 통해 내놓은 곰탕, 설렁탕에 소금이나 후추, 대파로 간을 해서 먹는다. 이 음식과 함께 먹을 때 입에 침이 고이게 하는 것은 초가 많이 들어간 숙성된 김치나 잘 익은 깍두기다.

초가 들어간 것이 있어야 먹기 전부터 침이 고이고 먹은 후에도 참 맛있다고 느끼게 된다. 물론 여기에도 김치와 깍두기가 염과 초의 균형을 잘 유지해야 한다. 나의 견해로는 늘 초가 더 중요한 역할을 한다고 본다.

아무리 신선한 김치를 잘 내놓았다 하더라도 밸런스를 유지해 주는 잘 익은 초의 깍두기가 없으면 음식 맛이 잘 살아나지 않는다. 그래서 일부 고객은 아예 설렁탕 국물에 깍두기 국물을 부어서 먹기도 한다. 국물과 신맛의 어울림이 매우 좋기 때문이다.

미국 사람들은 우리네 밑반찬에 해당하는 것을 '사이드 디시(side dish)'라고 한다. 주메뉴 옆에 올려지는 접시라는 뜻으로 다양한 반찬이 나온다. 이 사이드 디시를 잘 구성하여 주메뉴를 돋보이게 하는 음식들이 많다. 세계 어느 나라나 똑같다. 갈수록 주메뉴를 더욱 돋보이게 하는 조연으로 반찬의 역할이 커지고 있다. 국밥집에서도 주메뉴에만 올인할 게 아니라 그것을 더 살아나게 해주는 조연 역할의 반찬 구성에 더욱더 신경을 써야 한다. 탕반 메뉴의 몇 안 되는 반찬은 생 재료의 특징을 잘 살린 간이 잘된 염과 발효되어 잘 숙성된 초의 밸런스가 중요하다.

국밥집의 기본 반찬들은 '염'과 '초'의 밸런스를 잘 맞추어야 한다.

## 02

# 반찬 추가로 고객 만족을 이끌어내는 '청와옥'

국밥은 원래 국에 밥이 말아져서 나온다. 그래서 일명 '말아국밥'이다. 요즘 국밥은 밥과 국이 따로 나오고 있는데 이는 국밥의 국물요리화로 볼 수 있다. '따로국밥'이 나오게 된 현실적인 이유가 있다. 국밥은 뜨거운 국물에 밥을 넣었다 뺐다 반복해서 밥을 불리는 '토렴'을 하는 게 일반적이었다. 빠르게 돌아가는 요즘 세상에 토렴을 해주는 식당이 많지 않다. 하기 귀찮고 또 기술이 어려우며 노동력이 많이 들어가기 때문이다. 밥 국물이 들어갔다 나오기를 반복하여 가마솥 육수의 염도를 유지하기가 여간 어려운 게 아니다. 이로 인해 요즘에는 국과 밥을 따로 주고 있다.

옛날에는 국밥하면 곧 말아국밥이었지만 이제는 시대가 변해서 국밥하면 따로국밥이 대명사가 되었다. 국밥집에 가면 탕과 공깃밥을 따로 주고 있다. 거기에 더불어 식문화가 변화하는 탓에 식당에서 국에 밥을 말아서 먹는 사람의 수가 점점 줄어들고 있다. 사람들은 순댓국 같은 국밥을 된장찌개나 김치찌개처럼 밥 옆에 놓고 먹는 국물 요리로 느끼고 있는 것이다.

국밥이 김치찌개 같은 국물요리가 되면서 생긴 변화가 있다. 예를 들어 우리가 순두부찌개를 먹는다면 상차림으로 여러 개의 반찬이 나오는 것이 상식이다. 물론 달랑 반찬 한두 가지만 나오는 식당들도 꽤 있지만 대부분의 식사 메뉴로서의 순두부찌개 집들은 최소 4~5가지 반찬이 제공된다. 이처럼 국밥이 국물요리화 되어가면서 추가 반찬이 요구되고 있다. 국과 밥을 따로 먹다 보니 반찬 두 개가 어딘가 모르게 부족해 보이고 실제로 고객이 만족하지 못하고 있는 게 현실이다.

특히, 맑은 국물 계열인 곰탕집과 설렁탕집, 콩나물해장국집에서는 오래전부터 반찬을 하나 더 주기 시작했다. 그 반찬으로 대표적인 게 오징어젓갈이다. 이와 달리 돼지국밥, 순댓국 등의 다데기를 첨가해서 먹는 국물의 국밥집에서는 반찬 한 개를 더 추가할 필요성을 못 느꼈지만 시대가 바뀌었다. 이제는 국밥집 모두가 반찬 하나를 추가하고 있다.

직장인이 많이 찾는 여의도나 강남의 국밥집은 어김없이 반찬 하나를 더 내놓는다. 낙지젓갈을 내놓는 곳이 상당히 많으며 어느 곳은 계란프라이나 김을 준다. 이런 식당들의 소비자 만족도가 대부분 좋다. 국밥집을 찾는 고객들이 국밥을 김치찌개처럼 밥과 국 따로 먹기 시작하기 때문이다. 요즘은 국밥집을 하더라도 반찬 하나하나에도 신경을 써야 하는 시대가 왔다.

콩나물해장국으로 유명한 '현대옥'에서는 깍두기와 더불어 콩나물국밥 특성상 김과 수란, 새우젓, 낙지젓갈을 제공한다. 특이하게도 엄청 고가의 낙지젓갈을 내놓았다. 비싼 만큼 낙지젓갈은 꼬득꼬득하고 쫄깃쫄깃해서 식감이 상당히 좋다. 다른 국밥집에서는 보통 저렴한 오징어젓갈을 쓰는 것을 생각한다면 독보적이었다. 문제는 원가 비용이지만 고객들은 낙지젓갈의 만족스러운 맛을 알기에 기꺼이 다른 매장보다 현대옥의 식사에 만족을 하고 있다. 최근에는 낙시젓갈 가격이 너무 상승곡선을 그리고 있어서 그것 대신에 모기업(반찬단지)에서 생산하고 내가 유통하는 오말랭이(오징어젓갈에 무말랭이를 합친 것)를 내놓고 있는 매장도 있는데 역시나 고객들 입맛을 사로잡고 있다. 오말랭이가 현재 콩나물해장국 같은 맑은 국물의 국밥집에서 약방의 감초처럼 많이 팔리고 있다.

순댓국으로 유명한 '청와옥'은 깍두기와 무생채 그리고 어리굴젓을 기본 반찬으로 제공하고 있다. 셀프바에 김치가 존재하지만 기본 상차림에 김치가 없는 순대국밥 브랜드이다. 공깃밥에다가 옵션으로 김이 모락모락 나는 갓 지은 솥밥을 선택할 수 있다. 잘 익은 섞박지로 초를 유지하고, 그때그때 담근 무생채로 염을 유지하여 밸런스를 맞추고 있는데 고객들은 김치가 없어도 크게 불만이 없어 보인다. 이곳은 일년 중 여름 두 달을 뺀 열 달 정도를 어리굴젓을 제공하고 있다. 고객은 국밥이 나오길 기다리면서 흰 쌀밥 위에 어리굴젓을 올려 먹으며 순댓국이 나오기 전에 잃었던 입맛이 돌아오는 경험을 하게 된다.

청와옥은 무엇보다 메인메뉴 순댓국 맛이 최고인데, 여기에 어리굴젓이 메인메뉴의 맛을 더 살아나게 했다. 청와옥은 현재 직영체제로 매장을 무려 8개나 운영 중이다.

양평해장국집에서는 신기하게도 무짠지를 추가로 주는 곳이 꽤 있다. 선지와 내장과 양(소의 위)에 콩나물이 들어간 국밥을 내놓는 양평해장국집에서는 김치, 깍두기를 주면서 무짠지를 내놓는다. 주로 내장탕 계열에서 무짠지를 내주는 곳이 생각보다 많다. 내장을 찍어 먹으라고 간장 계열 소스를 내놓지만 먹다 보면 아무래도 물릴 수 있는데 이때 무짠지 하나를 먹으면 입안을 리프레시하는 느낌이 든다. 이로써 계속 맛있게 식사를 할 수 있다.

잘되는 국밥집에서 추가로 내놓은 반찬은 착시 효과를 내어 고객 만족도를 높인다. '현대옥'의 낙지젓갈과 오말랭이, '청와옥'의 어리굴젓은 공통적으로 국밥을 더 맛있게 만드는 역할을 한다. 국밥 본연의 맛이 원래 일품인 것도 있지만 낙지젓갈, 오말랭이, 어리굴젓이 입맛을 다시게 하며, 국밥위에 올려 먹으면 새로운 맛을 느낄 수도 있으니 따로국밥 시대에 추가 반찬은 '플러스 원'의 효과를 톡톡히 해주어 경쟁 우위를 점할 수 있게 해준다. 잘되는 탕반집일수록 이 법칙을 잘 따른다.

국밥집에서 왜 반찬을 추가해야 하는지 잘 납득하지 못하는 분을 위해 예를 들어본다. 중국집에 가서 짜장면을 먹을 때 단무지 하나를 주면 서운할까? 고객은 당연하게 생각하고 먹는다. 이번에는 중국집에서 짜장밥을 먹을 때 단무지 하나만 주면 어떨까? 고객이 당연하다고 생각할까? 그렇지 않을 수도 있다. 면류가 아니라 밥이 메뉴가 되기 때문이다. 김치라도 있어야 한다고 생각한다. 그래서 짜장밥을 시키면 단무지에 김치와 더불어 짬뽕 국물을 곁들여 주는 것이 일반적이다.

이렇듯이 한 번에 말아 먹는 식의 식사와 달리 국물과 밥을 따로 먹을 때는 반찬 한두 가지를 더 제공해야 제대로 된 식사를 하게 된다. 이때 기본 반찬 두 개는 염과 초의 밸런스를 유지해야 한다.

국밥집에서 추가 반찬을 준비한다면 많은 양의 반찬보다는 작은 양으로도 메인메뉴를 더 맛있게 만드는 착시 효과의 반찬을 고려하는 것이 좋다. 젓갈류, 김 등이 대표적으로 글루탐산 성분이 감칠맛을 한층 더 올라오게 한다. 직장인 상권에서는 계란프라이나 수란의 역할은 두말하면 잔소리다.

'청와옥'의 순댓국은 김치가 제공되지 않아도 염과 초의 구성을 잘 맞추어 고객 만족도가 높다.

## 단지FnB를 말한다 7

### 메인메뉴에 집중해 매장 늘릴 수 있도록 도와주는 김 대표의 반찬

2019년 가을, 첫 브랜드 '꿀양집' 가오픈 리허설에서 김정덕 대표와 인연이 닿았다. 환하게 웃고 있는 얼굴과 적극적인 자세, 그리고 음식에 대한 가감 없는 솔직한 평가가 아직도 기억에 남는다. 첫 만남에서 거짓 없는 김정덕 대표의 태도에 믿음이 생겼고, 그의 추천으로 줄곧 어려워했던 반찬 구성을 완성했다. 당시 메인메뉴였던 특양, 곱창 등과 어울리는 모둠 장아찌와 대파김치로 훌륭한 조합을 만들어내 전체적인 상품력이 높은 평가를 받았다.

반찬은 단순히 구색을 맞추는 존재를 넘어서 하나의 상차림을 만들어내는 퍼즐 조각과 같은 '사이드디시(side dish: 반찬)'가 된 시대다. 반찬까지도 요리의 역할을 할 수 있어야 한다. 반찬으로 고객의 최종 만족감을 만들어낼 수 있어야 한다. 매장을 운영하는 대표들은 반찬의 중요성을 충분히 느끼고 있다. 그 중요성을 알고 있음에도 매년 상승하는 인건비와 매일 변하는 식재료의 원가를 계산하면 양질의 반찬을 만들어내는 일은 사실상 부담일 수밖에 없다.

김정덕 대표의 반찬은 이와 같은 어려운 상황을 돌파할 수 있도록 도움을 준다. 김정덕 대표는 수많은 만남과 다양한 업종의 업장을 방문한 경험을 통해 외식인과 고객들이 원하는 반찬을 파악하고 개발한다. 반찬의 완성도는 물론이고 니즈를 충족시키는 상품력을 가지고 있다. 나 역시 현재 운영하는 여러 가맹점에서 그의 반찬을 사용하며 메인메뉴에 집중할 수 있게 돼 좋은 성과를 내고 있다.

김정덕 대표의 반찬은 단순히 인건비와 재료비를 세이브하는 수준을 넘어 더 좋은 퀄리티를 만들 수 있도록 큰 도움을 제공한다. 대표적으로 오말랭이와 모듬콩조림을 사용하는 '명인설렁탕'의 경우 메인메뉴를 제공하기도 전에 반찬을 다 먹는 고객이나 반찬이 맛있어서 재방문하는 고객의 수가 적지 않다. 새롭게 브랜딩하는 '시민해장' 역시 그의 반찬을 사용해 반찬 구성에 대한 압박감으로부터 자유로울 수 있게 됐다. 단순히 한두 가지를 공급받는 편리함을 넘어서 전체적인 완성도를 높일 수 있는 길이 된 셈이다.

김 대표의 도움으로 나는 28년차 외식인으로 승승장구하고 있다. 현재, 꿀양집, 고기명인 김삼관, 감동밥상, 명인설렁탕, 신가네 암소설렁탕, 시민해장 등의 매장과 브랜드를 운영 중이다.

내가 아는 김정덕 대표는 과거 사업을 실패했음에도 그 어려움을 딛고 일어나 개인회생부터 다시 시작했던 용기 있는 사람이다. 답답한 순간도 많고, 벽에 가로막힌 것처럼 괴로운 날도 많았지만 자신의 목표를 절대 포기하지 않았다. 누군가 고집스럽다고 말할 수 있겠지만 절대 꺾이지 않은 그의 심지가 지금의 김정덕 대표를 만들어냈다. 그는 이토록 험한 길을 걸어왔기 때문에 어려움에 처해 있는 사람을 지나치지 않는 법도 알고 있다. 김장 봉사와 우유 기부 등 사회적 약자에게 도움을 줄 수 있는 선행에 앞장서며 직원 복지와 성장 지원 등에도 힘쓰고 있다. 또한 한식 반찬의 글로벌 사업 등 한국 외식업 사업 전반적으로 도움을 줄 수 있는 길을 끊임없이 개척해 나간다. 여러 방면에 선한 영향력을 끼치는 그의 발자취를 쫓는 후배도 서서히 늘어나고 있다.

약자에 대한 배려, 외식업에 대한 깊은 통찰력과 분석력, 사회 전반에 기울이는 따뜻한 관심과 젠틀한 톤앤매너(tone & manner)를 갖췄다. 나보다 어리지만 나이를 떠나 진심으로 그를 존경한다. 그는 이 시대 외식업계의 진정한 리더십을 갖춘 사람이다.

**명인설렁탕 대표** 신재우

# 5. 식당 반찬이 맛있으려면?

# 01

# 맛있는 반찬 만드는 기본 요소 3가지

“맛있는 반찬을 만들고 싶은데 노하우를 알려주십시오.”

“반찬 맛이 안 좋아지는 것 같아서 고민입니다. 단골 반응이 갈수록 좋지 않네요.”

“찬모님이 또 그만두신다는데 늘 스트레스입니다.”

내가 식당에 맛있는 반찬을 납품하고 있다는 것이 소문이 나자 식당 사장님들이 도움을 요청하고 있다. 상당수 식당은 메인메뉴와 함께 반찬 맛이 신통치 않아서 장사가 잘되지 않고 있다. 메인메뉴와 반찬이 좋지 않아도 장사가 그럭저럭 되는 일부 식당 사장님은 언제 매출이 바닥을 칠지 늘 불안할 뿐이다. 솔직히 얘기하면 반찬 맛이 좋지 않은 식당은 대부분 메인메뉴 맛도 그렇게 좋은 편이 아니다.

식당을 처음 시작할 때와 달리 매너리즘에 빠져서 대충 반찬을 만드는 사장님들이 생각보다 많다. 재료비와 인건비 상승 등의 이유를 둘러대지만 핵심은 반찬을 만들 때의 기본자세를 잃어버린다는 것이다.

맛있는 식당 반찬을 만드는 기본자세는 3가지다. 신선한 식재료 사용하기, 정량정시 지키기, 초심 유지하기.

첫 번째, 식재료가 신선해야 한다. 과거에 식당 반찬이라 하면 메인 메뉴를 조리하고 남은 재료들을 지지고 볶아서 만든 것이었다. 예를 들어 찜요리 전문 식당의 경우, 아구찜에 미나리, 콩나물을 사용한 이후에 남은 것으로 다음 날에야 콩나물, 미나리를 무쳤었다. 이렇게 되면 반찬의 식재료 자체가 좋은 상태가 되지 못하니 맛도 그다지 좋을 리 없다. 마치 콩나물 해장국 매장에서 반찬으로 콩나물무침을 낸다거나 김치찌개 매장에서 반찬으로 같은 숙성도의 김치를 낸다거나 하는 모양새가 되는 것이다. 같은 맛의 반복이 되는 것이다. 모름지기 음식 먹는 사람은 주메뉴와 겹치는 반찬에 손이 잘 가지 않는다. 지금은 많이 개선이 되고 있기는 하다. 맛있는 반찬을 만들려면 맛있는 메뉴를 만들 때처럼 신선한 재료를 반드시 준비해야 한다.

신선한 재료라고 해서 반드시 비싸고 구하기 어렵다는 법이 없다. 네이버 같은 포털에 '제철 음식'을 검색하면 친절하게 계절별 음식이 나온다. 11월의 경우 굴, 홍합, 사과, 고등어, 배, 광어, 꽁치, 꼬막 등이 나온다. 이 반찬 재료들이 일 년 단위로 볼 때는 그나마 가격이 쌀 뿐만 아니라 신선하다. 가격 부담도 적을 뿐만 아니라 고객의 입맛을 돋우는 신선한 재료를 구할 수 있다. 3월의 경우, 제철음식으로 달래, 우엉, 냉이, 꼬막, 바지락, 더덕, 취나물, 쑥이 신선하고 비교적 싸다.

제철의 신선한 재료로 반찬을 만들 때의 이점 5가지는 이렇다.

1. 맛과 풍미가 훨씬 뛰어나다.
2. 영양소 손실이 최소화된다.
3. 위생적이고 안전하다.
4. 색감과 질감이 살아있다.
5. 제철 식재료에 대한 방송에서 많이 노출된다.

두 번째, 양과 시간을 잘 지켜야 한다. 한 음식의 조리 법이 재료 100g을 180도에 3분간 튀기기라고 한다면 그 양과 시간이 정량정시(定量定時)이다. 정량정시는 한마디로 요리 매뉴얼이자 레시피이다. 반찬을 만들 때 소금 어느 정도, 기름 어느 정도 그리고 몇 분간 끓이라고 정해져 있지만 엄격히 맞추기 어렵다. 그래서 식당마다 조금씩 다르게 반찬을 만들어서 맛이 다르게 되는데, 왜 정량정시를 지켜야 하는지 그 이유는 다음과 같다.

1. 일관된 맛과 품질을 유지할 수 있다.
2. 조리 실패를 피할 수 있다.

3. 재료 낭비를 최소화할 수 있다.

4. 위생과 안전을 보장할 수 있다

세 번째, 초심을 유지해야 한다. 식당을 창업했다 하더라도 몇 년 후까지 창업할 때의 초심을 유지하는 식당은 많지 않다. 현실과 타협하는 매너리즘에 빠지기 때문이다. 반찬의 경우, 처음 식당 문을 열 때만 하더라도 직접 정성껏 만들어 제공하다가도 시간이 흐르면 언제 그랬냐는 듯이 공장 반찬으로 바꾸고 만다. 매번 직접 반찬을 담그는 것이 수고스럽기 때문이다. 식자재 업체에 전화 한 통만 하면 곧바로 반찬을 가져다주니 그렇게 편할 수 없다.

가끔은 시장에 나가서 어떤 재료로 반찬을 하면 좋은지 살펴볼 필요가 있다. 입소문이 난 반찬가게에 들러 맛있는 반찬을 한번 맛보면 자신의 식당 반찬 맛이 잘 유지되는지 안 되는지 체크할 수 있다. 그러면서 식자재 업체의 반찬에 의존하는 것을 반성하는 계기로 삼을 수 있다. 늘 말하지만 가장 맛있는 반찬은 매장에서 신선한 재료로 동일한 레시피를 준수하며 정성껏 만드는 반찬이다.

"40년간 반찬을 직접 만들었는데 요즘은 너무 힘듭니다. 나이도 들고 해서 참 힘듭니다."

인건비, 재료비가 크게 올라서 울상이 된 한 사장님이 나에게 고민을 털어놓았다. 이 사장님의 식당은 그럭저럭 장사가 잘되었다. 그래서 사장님은 특별히 직접 반찬을 만든다는 사실을 외부에 알리지 않았다. 이게 그 사장님의 실수였다.

고객은 식당이 직접 반찬을 담근다는 사실을 안다면 설령 음식값이 비싸시너라도 응당히 그 인상분을 지불할 용의를 가지고 있다. 직접 만든 반찬의 가치를 알기 때문이다. 이와 달리 식당이 직접 반찬을 담근다는 것을 모르는 고객은 음식값이 인상되면 불만을 갖게 된다.

그 사장님에게 단도직입적으로 질문했다.

"여기 있는 반찬 10개 중에 어느 것을 타협하고 싶습니까? 직접 만드는 것을 포기하려는 반찬이 어느 것입니까?"

사장님이 망설이다가 말했다.

"아무래도 반찬을 직접 다 만들어야 할 것 같습니다. 직접 만든 반찬이 우리 가게의 빼놓을 수 없는 차별 포인트인데 이제서야 그것을 포기하면 안 되겠어요. 반찬 맛있다고 말하던 단골과의 약속을 가게 문을 닫는 순간까지 지켜야겠습니다."

이후, 이 사장님은 나와 상담을 통해 현재는 젓갈류와 갓김치만 우리한테 납품받고 있으며 꾸준히 반찬에 정성을 쏟고 계신다. 또한, 국산 재료로 반찬을 직접 만든다고 홍보를 하고 있다. 일부 음식 가격을 인상했음에도 불구하고 고객들의 발길이 끊이지 않고 이어지고 있다.

거듭 말하지만, 최고로 맛있는 반찬은 직접 만든 것이다. 직접 만든 반찬을 따라갈 공장 반찬은 없다. 식당 사장님들에게 가능하다면 직접 반찬을 만드시라고 권장한다. 그런데 인건비, 재료비로 인해 직접 만드는 게 힘든 상황이 올 경우가 반드시 생긴다. 이때는 공장 반찬을 납품을 받되 재가공을 해서 내놓는 것이 지혜로운 방법이다. 사장님의 레시피대로 정성껏 재가공해서 내놓는 공장 반찬은 그 맛이 그저 좋을 수밖에 없다.

신선한 재료의 반찬을 정성껏 제공하는 것이 식당 성공의 지름길이다. 두릅데침

우리나라는 다양한 반찬류가 제조되어 신선하게 유통되고 있다. 모듬콩조림

# 02

# 구색갖추기로 반찬 내놓지 말라

"콩나물 반찬 내놓지 마세요."

식당 상차림 컨설팅하면서 이런 말을 종종 하고 있다. 과거에는 식당에서 흔하디 흔한 반찬으로 콩나물무침을 많이 내놓았었다. 어느 메뉴의 식당에 가더라도 자주 나오는 게 콩나물무침이었다. 고객은 집에서 자주 먹는 것을 또 식당에서 먹게 되니 콩나물무침을 좋아할 리 없다.

쭈구미집이나 낙지집에서는 매운 걸 중화하기 위해 살짝 데쳐 나온 콩나물 반찬이라면 의미가 있다. 이런 식당 빼고는 콩나물무침을 반찬으로 내놓는 것을 지양해야 한다. 요즘은 콩나물도 귀한 세상이 되었는데, 흔한 반찬의 한 예로 콩나물무침을 들었을 뿐이다. 흔한 반찬은 되도록 사용하지 말라는 간곡함을 알아줬으면 한다.

근래에는 많이 바뀌었다. 고수들은 콩나물 반찬(구색 갖추기)을 내놓지 않는다. 일부 보통의 식당들이 만만하게 구색 갖추기로 콩나물을 내놓고 있는데 반찬 종류가 여러 개이므로 많은 가짓수의 반찬을 상차림한 것처럼 보이기 때문이다. 그렇지만 집에서 흔하게 먹을 수 있는 콩나물 반찬을 굳이 외식하는 고객이 식당에서 먹어야 할 이유가 없다.

검정 콩조림도 같은 맥락이다. 더욱이 과거에 집에서 엄마가 해주셨던 콩자반은 맛이 있었지만, 요즘 대량으로 유통되는 콩조림은 딱딱하고 맛이 인위적이어서 사람들이 그렇게 선호하는 반찬은 아니다. 나는 이런 콩조림도 많이 유통하기는 하지만 이런 반찬을 싸고 흔하다고 해서 식당의 상차림으로 내놓는 것은 구색 맞추기일 뿐이다. 나는 검은 콩조림을 주문하는 식당 사장님에게는 되도록 땅콩조림이나 모듬콩조림과 혼합해서 사용하길 권하는 편이다.

현실적으로 아무리 잘되는 식당이라 해도 반찬 전부를 직접 만든다는 것은 쉽지 않다. 이런 경우 반찬 3개는 직접 만들고 3개는 납품받아서 재가공하는 방법이 슬기로운 반찬 만들기다. 그렇게 제공하면 고객은 다양한 반찬을 맛있게 먹을 수 있게 된다. 실제로 많은 식당들은 일부 반찬은 직접 만들고, 일부 반찬은 납품받고 있다. 식당 운영 현실상 그럴 수밖에 없는데 반찬 공장의 반찬 수준도 갈수록 품질 면에서 올라가는 추세이다.

여기에 그치지 않고 더욱 고객을 만족시키는 방법이 있다. 구입하는 반찬의 2배수를 납품받아 순환해 가며 제공하는 것이다. 반찬 3개를 제공하고 있다면 6개를 납품받아서 계절별, 요일별로 돌려가면서 내놓는 것이다. 이렇게 하면, 고객이 매번 갈 때마다 다른 반찬을 맛보게 된다. 앞서 언급했듯이 '오봉집'같은 한식 브랜드가 이것을 잘하고 있다.

내가 오봉집에 많은 종류의 반찬을 제공하면 오봉집의 각 점주가 지역별로, 계절별로 골라서 반찬을 쓰고 있다. 보쌈이나 낙지볶음과 어울리는 백김치 같은 반찬은 필수로 놔두고 나머지 반찬을 여러 가지로 돌아가면서 쓰고 있다. 고객 반응이 상당히 좋다.

"반찬이 매일 달라서 먹는 입장에서 참 좋아요."

"여러 가지 반찬이 나오는 것을 보니 상당히 반찬에 진심인 것으로 생각이 되네요."

"계절마다 다른 반찬이 올라오니 식욕이 돋습니다."

반찬을 여러 개 다양하게 줬을 때 비용에 대한 부담을 가질 필요가 없다. 공깃밥 한 그릇을 먹을 때 숟가락질 횟수가 정해져 있다. 보통 10번 내외의 숟가락질로 공깃밥 한 그릇을 다 먹는다. 물론 양이 그렇다는 이야기이지 젓가락으로 반찬만 먹거나 젓가락으로 식사를 하면 대략 20회가 훌쩍 넘는다. 이론적으로 10순갈로 밥 한 공기를 먹는다고 한다면 고객이 반찬 한 개당 평균 3회 먹는다고 할 경우 반찬 3개만 있으면 밥 한 그릇 식사가 된다. 반찬을 6개 내놓을 경우도 그렇다. 고객은 일정 분량의 반찬만 먹고 식사를 끝내지 반찬 종류가 많다고 평소보다 더 많이 반찬을 먹지 않는다. 위장의 크기는 비슷하고 섭취하는 음식의 총량은 차이가 없다. 한 메뉴의 식사당 고객이 먹는 반찬의 양은 거의 정해져 있다. 단, 반찬이 탁월하게 맛있어서 반찬을 많이 먹는 경우는 예외적인 일이지만 이런 매장은 다른 반찬도 대부분 맛있다.

구색갖추기 식으로 맛없는 반찬을 나열하는 게 아니라 맛있는 반찬을 여러 접시에 세팅하는 것이 좋다. 반찬 숫자 늘리기에 연연하지 않으려면 다른 매장과 차별화된 반찬 한두 가지를 제대로 세팅하는 방법도 고려해 볼 수 있다. 나는 이런 반찬을 '진반찬'이라 표현하는데 제육볶음, 잡채, 토막 생선구이, 생선조림, 계란말이 등이다. 다양한 종류의 맛있는 반찬을 내놓는 것 역시 다른 식당과 차별화하는 길이다. 주위의 식당에서 아직도 콩나물무침, 검정콩조림 등으로 구색 갖추기를 할 때 우리 식당만큼은 여러 종류로 다양하게 반찬을 내놓는 것이 반찬 세팅의 측면에서는 경쟁력이 된다. 이때, 모든 반찬을 직접 조리하면 제일 좋겠지만 부족한 부분은 공장에서 납품받고 본인만의 비법으로 재가공하는 것이 반찬 준비의 슬기로운 요령이다.

상차림이나 반찬 관련 상담을 할 때 일부 식당 사장님들이 눈물을 흘리는 일이 있다. 사장님들이 장사가 안 된다고 살려달라고 하소연을 하면, 내가 묻는다.

"왜 장사가 안 됩니까?"

"가족 관계가 어떻게 되시는데요? 가족 중에 도와줄 분이 없습니까?"

사장님들이 내 질문에 답변을 하다가 가슴에 품은 이야기를 꺼낸다. 이혼해서 혼자 애들 키우면서 장사를 해왔다라거나, 여러 차례 사업 실패했다가 마지막이라고 생각하고 식당을 했다라거나, 하루하루가 너무 힘들어서 매일 약을 먹고 일을 한다는 분들이 있다. 그동안 다른 곳에서 터놓지 못했던 이야기를 털어놓다가 끝내 눈물을 보이신다. 나는 사장님들에게 식당 운영에 대한 노하우를 말씀드리는 한편 다음과 같은 솔루션을 건네준다.

"우선 반찬부터 변화를 주십시오. 반찬은 사소해 보일지 모르지만 메인메뉴의 맛을 크게 살리는 역할을 하니까요. 이때까지 하던 방식에서 탈피해서 여러 개의 반찬을 다양하게 내놓아보세요. 고객들은 사장님이 정성을 들이고 있다는 것을 알아볼 것입니다. 반찬 하나까지 신경 써서 반찬이 다양하게 변화되면 사장님의 장사하는 자세가 긍정적으로 변하게 되고, 차츰 장사가 잘될 것이라고 확신합니다."

반찬 하나 바꾼다고 성공하는 사장님이 과연 몇 분이나 있겠냐마는 생각하기 나름이다. 가장 쉽고 자신 있는 작은 성공을 바로 현실에 옮김으로써 얻는 효과는 정말 대단하다. 작은 성공이 모이고 성취감을 계속 느껴봐야 진정 내가 원하는 바를 이룰 수 있다. 인사 잘 하기, 위생과 청결을 꼼꼼히 신경 쓰기, 반찬 바꾸기, 매뉴얼을 기본부터 다시 잘 지키기 등 사소한 것을 성실하게 실천한다면 사장님의 마인드가 긍정적으로 변하고, 그에 따라 그 밝은 기운에 이끌려 손님들이 재방문하게 되는 것이다. 결국 기본이 잘 되어 있고, 음식과 상차림 본질에 집중해야 성공 할 수 있는 사업이 바로 외식업 식당이다.

직접 조리한 수제 반찬이야말로 소박하지만 강력한 힘을 내는 장사 밑천이다.

## 단지FnB를 말한다 8

### 맛의 편차가 적고, 인건비를 줄여주는 단지FnB의 반찬

'배꼽집'이 매장 수가 늘어가면서 기본 찬 구성에 신경을 쓰기 시작했습니다. "**지점의 **가 맛나더라!", "여기는 그 반찬이 없네."라는 손님들의 이야기를 듣기 시작하면서 고민을 참 많이 했습니다. 각 지점에 찬모님을 채용해 반찬을 만들기는 했지만 똑같은 레시피를 전달해도 각자의 손맛도 다르고 그날의 컨디션도 다르기 때문에 맛 차이가 있고 관리가 안 되는 매장이 많았습니다.

배꼽집 주방은 실장님, 찬모님으로 포지션이 나뉘어 있는데 찬모님 분들이 워낙 까다로우시고 급여도 높은 편이고 연세까지 있으신 분들이 대부분이시다 보니 가장 대하기 어렵습니다. 조금 불편한 관계가 형성되면 쉽게 그만두시기도 하는 게 현실이니까요. 매일 매일 겉절이를 담그고 깍두기도 주 2회씩, 장아찌도 주 2회씩, 거기에 물김치까지 하는데 갑자기 찬모님께서 결근하시거나 퇴사하게 되면 남아 있는 직원들 스트레스가 이만저만이 아닙니다.

이런 와중에 김정덕 대표님 강의를 듣게 된 인연으로 저희 주방 시스템도 조금씩 바뀌게 되었습니다. 처음에 씨앗젓갈과 오말랭이젓갈 등 매장에서 취급하지 않던 품목을 사용하기 시작했고 이후 섞박지를 사용했는데, 섞박지는 직원들과 기존 고객 여러분의 맛 테스트를 거쳐 지금까지 사용하고 있습니다. 정말 간편하게 주문했고, 맛의 편차가 적었으며 인건비 대비 원가율 구조가 좋았습니다.

정말 매장에서 이익을 보게 된 건 야채 값 폭등이 생길 때입니다. 이럴 때는 단지에프앤비에서 직접 납품 받는 게 큰 장점이 있습니다. 대량 구매 조건이기 때문에 우리에게 공급할 때 다소 오른 가격이긴 하지만 매장에서 원재료 구매해서 조리하는 것에 비하면 크게 부담이 되지 않습니다.

지금은 섞박지뿐 아니라 우리 매장 레시피로 생산되는 맞춤식 물김치, 장아찌 등 품목을 늘렸습니다. 전 매장의 맛도 동일해졌고, 찬모님 관련 인건비도 어느 정도 절약이 되었는데, 가장 중요한 건 가끔 전화로 외식 시장 전반에 관련된 질문을 할 수 있는 전문가가 곁에 있다는 사실입니다. 새로운 브랜드를 기획할 때도, 새로운 매장을 오픈할 때도 정말 많은 힘이 됩니다. 감사합니다.

**배꼽집 대표** 박규환, 류나영

## 헤세의서재

**헤세의서재 블로그** https://blog.naver.com/sulguk

기업인, 의사, 컨설턴트, 강사, 프리랜서, 자영업자의 출판 기획안, 출판 아이디어, 원고를 보내주시면 잘 검토해드리겠습니다. 좋은 콘텐츠를 갖고 있지만 원고가 없는 분에게는 책쓰기 코칭 전문 〈1등의책쓰기연구소〉에서 책쓰기 프로그램에 따라 코칭을 해드리고, 책 출판해드립니다. 자기계발, 경제경영, 병원경영, 재테크, 대화법, 문학, 예술 등 다양한 분야의 책을 출판합니다.

반찬은 식당 성공의 밑천이다

**초판** 1쇄 발행 2025년 3월 1일

**지은이** 김정덕
**펴낸이** 고송석
**발행처** 헤세의서재
**주소** 서울시 서대문구 북가좌2동 328-1 502호(본사)
서울시 마포구 양화로 64 서교제일빌딩 824호(기획편집부)
**전화** 0507-1487-4142
**이메일** sulguk@naver.com
**등록 제**2020- 000085호(2019년 4월 4일)
ISBN 979-11-93659-05-2(13320)


* 가격은 뒤표지에 있습니다.
* 잘못 만들어진 책은 구입처에서 바꾸어 드립니다.